KB058651

긍정의 스위치를 켜라

TURN ON POSITIVE

긍정의 스위치를 켜라

실패와 축적의 시간을 뒤집은
위대한 생각의 전환

고명우 지음

RHK
알에이치코리아

어떻게 하면 더 자유로운 삶을 살 수 있을까? 우리 모두
는 더 자유로운 삶을 살기를 꿈꾼다. 내가 원하는 것을, 원하
는 시간에, 함께하고 싶은 사람과 제약 없이 누리기를 원한다.
그것이 누군가에게는 자신의 일 그 자체일 수도 있고, 또 누
군가에게는 달콤한 휴가일 수도 있다. 우리 모두가 각각의 개
성을 가지고 있기에 각자가 가지고 있는 가치와 행복에 대한
정의가 다 조금씩 다르겠지만 좀 더 큰 시각으로 봤을 때, 자
유라는 관점에서 결국 우리 모두가 추구하는 행복은 또 굉장
히 비슷하다. 그러므로 너무나 자연스럽게도 우리 모두는 자
유를 원한다.

나는 무명 배우였다. 그리고 배우를 하는 동안 나에겐 선택의 자유가 전혀 없었다. 나의 모든 시간을 다른 사람의 시간에 맞춰야 했고, 기회를 놓칠까 두려워 비합리적인 임금을 불러도 응해야 했으며, 불합리한 것이 있어도 그저 참아야 했다. 흘러가는 시간이 점점 두려워졌고, 실패에 대한 두려움은 커져만 갔다. 나는 좋아하는 일을 선택한 대신 다른 모든 자유를 포기했었다. 물론, 그 모든 것은 내가 선택한 것이었다. 그랬기에 일, 연기 자체라도 원 없이 할 수 있었다면 나는 계속 배우의 꿈을 꾸며, 배우의 길을 갔을 것이다. 하지만 내가 선택한 단 하나의 자유인 일에서의 기회조차 주어지지 않으면서 나는 다른 선택을 고려해야 하는 상황에 내몰리게 되었다.

나는 내가 좋아하는 것에서 성공하지 못했었고, 30대가 다 되어서까지 모아둔 돈이 없었으며, 고정적인 수입 또한 없었다. 시간은 계속해서 나를 압박해왔고, 나는 무언가를 해야만 했다. 그리고 생존을 위해 좋아하지 않는, 잘하지도 않는 무언가를 선택해야만 했다.

우리 중에 얼마나 많은 사람들이 자신이 원하는 일을 하며, 그 일과 함께 자유롭게 살고 있을까? 물론 그 시련의 시간을 정면 돌파하여 더 큰 성장을 해내는, 방송이나 모든 미디어에서 인정하는 '한 우물만 파는 사람들'도 있지만 결국 그 자리는 한정되어 있기에 대부분의 많은 사람들이 생존을 위해 다른 선택을 고려해야만 했던 나와 같은 상황에 놓이게 마련이리라.

결국, 인생이란 가능성의 영역이기 때문에 자신의 입장, 상황에서 스스로 내리는 자신의 선택만이 있을 뿐 그 어떤 것도 옳고 그름의 문제는 아니라고 생각한다. 그리고 기존의 것을 포기하고 새롭게 도전하는 것이 꼭 기존의 것보다 쉽거나, 가능성이 더 큰 것도 아니다. 당신이 몇 대에 걸쳐 돈 걱정을 하지 않아도 되는 소위 말하는 금수저가 아니라면 세상이 우리를 위해 보장해주는 것은 아무것도 없다. 도망자, 포기자라는 사람들의 시선으로부터 완전히 자유로웠던 것도 아니었고, 아무것도 보장된 것이 없었지만 나는 결국 새로운 도전을 선택했다. 그것을 어떻게 바라볼 것인가는 바라보는 사람의 몫이다. 세상이란 사실 그 자체보다 각자의 시각과 해석을 통해 만들어지는 것이니까 말이다.

현재 나는 실리콘밸리에서 개발자로 일하고 있다. 나는 전혀 할 줄도 몰랐던 영어로 일을 하고, 발표를 하며, 외국인 동료, 친구들과 대화를 나누고, 문화를 소통한다. 내가 이해하고 바라보는 세계는 폭발적으로 확장되었고, 연봉 또한 배우를 하던 시절 벌던 돈과는 비교할 수 없을 만큼 성장했다. 이게 내가 좋아하는 일이었던 것은 아니다.

하지만 지금 난, 삶에서 더 많은 자유를 누리고 있다. 그러한 자유를 느끼며, 막다른 길에서 선택해야만 했던 이 일을 현재는 좋아하는 일로 느껴가며 조금은 즐기기까지 하는 중이다. 그리고 그 자유 속에서 새로운 나를 발견해 나가고 있고, 또 진정한 내 삶의 목표와 가치를 계속해서 고민해 나가고 있는 중이다. 나에게 일어난 많은 좋은 일들, 지금의 나의 이해 수준에서 혹은 인과관계를 통해서는 도저히 설명할 수 없는 많은 작용들, 운이라고 부를 수 있는 힘을 부정할 순 없다고 생각한다. 그렇기에 책 집필을 제안받았을 때 '내가 지금 책을 통해 많은 사람들에게 나의 경험과 시간을 얘기할 만큼 무언가를 진정으로 가지고 있는가?'라는 생각에 부담도 느꼈고, 그래서 또 오랜 시간 고민도 하였다. 하지만 결국, 그 한 치 앞도 보이지 않던 절망의 상황 속에서 내가 경험했던 배움과 성장의 시간이 그때의 나와 비슷한 누군가에겐 또 도움이 될 수 있겠다는 생각에 용기를 내게 되었다.

이 책은 축구선수와 배우라는 커리어를 이유로 중학교 1학년 이후엔 학교 수업조차 받지 않았고, 검정고시를 통해 스물네 살의 늦깎이로 연극영화과에 입학해 8년 동안 연기만 했던 내가 어떻게 2년 안에 실리콘밸리 개발자가 될 수 있었는지, 어떻게 완전히 다른 것으로의 변화를 만들어낼 수 있었는지에 대한 스토리와 구체적인 그 '방법'에 초점을 맞춘 이야기다. 0에서 0.1, 0.5를 만들어가는 과정에서 정말 많은 것들을 배웠다. 공포와 두려움에서 벗어나야만 했고, 나를 완전히 리프로그래밍(Reprogramming) 해야만 했다. 그리고 그 모든 것을 가능하게 했던 건 내 안에 있는 '긍정의 스위치'를 켰기 때문이다.

우리가 사는 지금의 사회는 엄청나게 빠른 속도로 변화하고 있다. 그리고 그 속도는 점점 더 빨라지고 있다. 지금 나와 당신이 하고 있는 일, 원하는 일은 몇 년 뒤면 더 이상 이전과 같지 않을 것이다. 완전히 사라져버리는 일들도 많을 것이고, 설령 존재하더라도 그것이 필요로 하는 자원이나 능력 등은 완전히 다른 영역의 것이 되어 있을 가능성이 크다. 그러므로 우리는 배우는 능력 그 자체를 배워야 한다. 이 책에서 다룰 내용은 모든 익숙하지 않은 것, 변화, 도전, 많은 사람들이 무모하다고 생각할 만한 일들을 가능하게 만드는 힘과 방법에 관한 이야기다. 변화를 만들어내는 그 힘 말이다.

"좋아하지 않아도, 잘하지 않아도, 좌절할 수밖에 없는 상황 같아도 내 안에 긍정의 스위치를 켜기만 한다면, 할 수 있다."

이 책을 통해 우리 각자가 가지고 있는 지금의 도전을 하나하나 이뤄내어 지속적으로 성장하고, 진정한 선택의 자유를 갖게 되길 희망한다. 우리 모두가 원하는 것을, 원하는 시간에, 원하는 만큼 할 수 있는 시간의 자유, 경제적 자유를 포함한 그 진정한 자유를 갖길 바란다. 나의 이야기와 방법론이 당신의 영혼에 터치를 만드는 좋은 영향을 끼치길 바란다.

우리의 목표는 이 책에서 다룰 8가지 힘을 통해 우리 안의 긍정 스위치를 켜는 것(Turn On Positive), 그리하여 우리의 모든 가능성과 능력, 자원들을 우리의 목표를 위해 가장 효과적으로 사용되게 하는 것이다. 그 긍정의 '상태'를 통해 우리는 매일의 삶에서 우리가 원하는 모든 변화를 만들어내는 강력한 힘을 갖게 될 것이며, 우리가 원하는 진정한 자유와 행복에 한 걸음 더 가까워져 있을 것이다.

우리의 최대 능력을 발휘할 때, 우리의 가치는 올라가게 되어 있다. 가치가 올라가면 그에 합당한 보상은 따라오게 되어 있다. 당신이 세상에 원하는 것은 무엇인가? 많은 사람들이 돈을 원할 것이다. 물론 돈이 모든 것을 해결해주는 것은 아니지만, 자본주의 사회에서 돈은 우리가 씨름하고 있는 대부분의 문제들을 해결해주고, 우리가 원하는 많은 것들을 누리고 선택할 수 있는 자유를 준다. 그러므로 주체적으로 살길 원하는 누구나 돈을 원하는 것, 경제적 자유를 원하는 것은 너무나도 자연스러운 일이다. 하지만 먼저, 당신 자신에게 물어야 한다. 그게 돈이든 또 다른 어떤 것이든 그것을 요구하기 전에, 당신은 세상에 어떤 가치를 제공하고 있는가? 분명하게 말할 수 있는 것은, 당신이 어떤 가치를 충분히 제공하고 있다면 당신은 그에 상응하는 보상과 결과를 받게 될 것이다. 세상은 기가 막히게도 기대하는 만큼의 가치를 창출해내는 사람을 찾아 그 사람에게 앞다투어 보상을 제공하려고 한다. 그 사람이 그들 자신의 문제를 해결해주고, 그들이 원하는 것을 가질 수 있도록 도와주기 때문이다. 대부분의 사람들이 돈과 씨름하며 살고 있다. 외부의 세상이 변하기만을 기대하고 불평하며 가장 확실한 '나 자신' 스스로의 변화에 대한 노력은 하지 않으면서 말이다. 긍정의 스위치를 켜게 되는 이 과정에서 우리는 주체적으로 변화할 것이다. 변화된 자신을 통해 세상을 다르게 바라볼 것이고, 이전과 비교할 수 없는 가치를 세상에 제공하게 될 것이다. 자연히 우리가 원하는 것들은 우리를 따라오게 될 것이다.

무엇보다도 소중한 당신의 지금 이 순간, 그 귀한 시간을 들여 나의 이야기에 귀 기울여줌에 진심으로 고마움을 전한다. 그리고 이 시간이 당신이 원하는 변화를 만들어내는 진정으로 가치 있는 시간이 되길 바란다.

고명우

CONTENTS

PART **3** 긍정의 스위치
마주하는 모든 순간을 긍정으로 전환시키다

PART 1

실패의 축적

불안과 공포를
프로그래밍하다

잘하는 것,
재능으로 꿈꾸다

나는 어려서부터 친한 친구와 동네 벤치에 앉아 꿈을 이야기하는 것을 좋아했다. 상상을 하고, 서로 미래를 이야기하며 시간 가는 줄 모르다가 밤 11시, 12시가 넘어 집에 들어가면 어머니께 또 친구랑 무슨 얘기를 하다가 이 시간에 들어오냐고 핀잔을 듣곤 했다.

초등학생 시절 난 소위 말하는 사고뭉치였다. 자기주장

이 강하고, 확실하게 이해되지 않으면 선생님이 하라고 해도 말을 듣지 않던 아이였다. 한번은 이런 적이 있었다. 비가 살짝 내리고 있었는데 선생님께서 비가 오는 걸 보시고는 "오늘 체육 시간은 교실에서 자율 학습을 하겠다"고 하셨다. 체육 시간만 기다리고 있던 나는 그럼 자율적으로 나가서 축구를 해도 되겠느냐고 여쭤보았고, 선생님께선 나가지 말고 교실에서 자율 학습을 하라고 하셨다. 나는 원래 체육 시간이고, 자율 학습이라고 하셨으니 축구를 하고 싶은 사람은 나가서 축구를 해도 되는 것이 아니냐고 다시 말했다. 선생님은 안 된다고 하셨고, 나는 반의 모든 남자아이들을 데리고 함께 축구를 하러 나갔다. 선생님은 "야 고명우! 나가지 말라고 했다"라고 하셨지만 나는 나갔다. 왜인지는 모르지만 그 장면이 아직도 또렷이 기억난다. 선생님은 창문을 통해 우리를 쳐다보고 계셨고, 나는 아랑곳하지 않고 열심히 축구를 했다. 후에 선생님은 교감선생님께 상황을 전달하셨고, 우리는 교감실에 불려가 심하게 혼이 났다. 그런데 그랬다. 난 이해가 되지 않는 것은 그냥 넘어가지 않았고, 하고 싶은 게 있으면 꼭 해야 했다. 후에 성인이 된 뒤 몇몇 친구들과 선생님께 인사를 드리러 간 적이 있는데, 그때 혼자 많이 우셨다고 하셨다. 시간이 많이 지난 터라 웃으며 이야기해주셨고, 나는 죄송했다고 말씀드렸다.

공부도 관심이 있는 것만 곧잘 했다. 체육은 월등히 잘했다. 달리기가 또래에 비해 압도적으로 빨랐고, 운동은 다 잘했다. 자연스럽게 동네의 주말 축구클럽에 들어가게 되었고, 집중적으로 운동을 하기 시작했다. 축구클럽 선생님은 나와 또래 친구들이 재능이 있고, 좋은 성적을 거두니 우리 멤버들을 토대로 축구부를 창단하려고 하셨다. 축구가 재미있었고, 잘한다고 하니 더 즐거웠다. 나의 경기를 본 어느 프로팀 유소년 스카우트 담당자는 팀에서 지원해주는 조건으로 부모님에게 브라질 유학을 제안하기도 했다. 선생님의 창단 계획이 있어 거절했지만. 어린 나의 눈엔 모든 게 다 될 것 같았다. 재능으로 시작한 축구는 자연스럽게 나에게 유일한 '하고 싶은 것'이 되어있었다. 그리고 난 세계 최고의 축구선수가 되겠다는 꿈을 꾸었다. 빨리 시간이 가고 어른이 되어 국가대표 유니폼을 입고, 우리나라를 월드컵에서 우승시키는 꿈을 꿨다.

모든 일이 잘되어가는 듯 보였지만, 축구부 창단 계획이 좌절되었다. 주변 학부모들과 학교 측에서 거의 다 진행되어 가던 일을 결국 반대하였고, 계획은 무산되었다. 하지만 나의 꿈은 확고했고, 열네 살, 나는 부모님을 설득하여 홀로 브라질 유학길에 오르게 되었다. 1년 동안 인터나시오날이라는 프로 팀의 유소년팀에서 선수 생활을 했다. 오로지 축구만 생각하며 시간을 보냈다. 일어나면 새벽에 개인 운동을 하고, 학교에 가선 엎드려 잤다. 내가 정한 건 축구고, 난 축구만 할 거였으니까. 공부는 관심 밖이었다. 학교에서 돌아와 팀의 훈련장까지 이동할 때도 원래는 숙소에서 같이 지내는 형들, 친구들과 같이 버스로 이동했는데 나는 체력을 기르겠다고 5km 정도 되는 거리를 훈련 전에 뛰어서 갔다. 도착해서 또 두 시간 동안 본 운동을 하고, 끝나고 나면 다시 혼자 그 거리를 뛰어서 돌아와 저녁을 먹고 야간 운동을 했다. 같이 지내던 친구들, 형들이 그러면 본 운동에서 체력이 달려서 힘들지 않냐고 걱정했지만 내 꿈을 위해 내가 정해서 하는 것이라 힘들지 않았다. 나는 세계 최고의 축구선수가 될 사람이니까 누구보다 열심히 해야 한다고 생각했고, 아무리 힘든 운동량도 다 소화할 수 있다고 생각했다. 그리고 그렇게 했다. 사실 지금 와서 생각해보면 효율적인 방법은 아니었던 것 같다. 하지만 나의 꿈을 위해 오로지 최선을 다했고, 매 순간 살아 숨 쉬고 있다는 느낌으로 살았던 행복한 시간이었다.

그리고 1년이 지나 귀국하게 되었고, 축구 명문 동북고등학교에 들어가게 되었다. 그러던 고등학교 1학년 여름, 부상이 시작되었다. 재활 센터에서는 피로골절이라고 하였고, 괜찮은 듯하다가도 조금 뛰면 다시 통증이 심해지고, 또 쉬면 괜찮아지는 듯하다가 조금 뛰면 다시 아프고를 반복으로 그 중요한 시기에 두 달 정도를 쉬었던 것 같다. 솔직히 말해서 뒤처지고 있다는 느낌이 들었고, 부상이 다 나은 뒤에도 어떻게 그 시간을 메꿀지 걱정을 했다. 최고의 학교이다 보니 전국에서 모인 잘하는 친구들이 워낙 많았고 부상으로 불가피한 휴식의 시간은 나에게 엄청난 압박으로 다가왔다. 급하게 복귀해서는 또다시 정말 열심히 했다. 그리고 컨디션이 이전의 상태로 올라온 즈음 다시 같은 증상이 반복되었다. 다리가 부러지거나 어떤 외부 요인으로 입은 부상도 아니었고, 병원에서는 달리 방법이 없다고 일단 그냥 쉬어야 한다고만 하니 스트레스가 더 커져 갔다. 계속해서 걱정과 부정적인 생각들, 질문들을 하게 되었다.

'도대체 왜 나한테 이런 일이 일어난 거지?'

'하늘은 도대체 나한테 왜 이러는 거야?'

어느 날 어머니와 재활 센터로 가는 차 안에서 정말 한 없이 울었던 기억이 있다. 걱정과 원망으로 가득한 나날들이 었다. 오직 축구만 생각했고, 다른 건 할 줄 아는 것도, 하고 싶 다는 생각도 없었던 나였기에, 오직 내가 좋아하는 것 하나만 보고 세계 최고가 되겠다는 꿈으로 누구보다 열심히 했던 나 였기에, 아무것도 할 수 없게 된 그 상황이 나에게는 사형선 고와 마찬가지로 다가왔다. 하지만, 말을 듣지 않는 몸으로 내 가 할 수 있는 것은 아무것도 없었다.

그렇게 또 비슷한 두 달의 시간이 지나갔다. 내 안에 꿈 과 희망은 그 걱정과 불안 그리고 원망으로 인해 서서히 사라 져갔다. 시간이 정말 무섭게 느껴졌고, 내 안의 어둠이 꿈을 향한 나의 빛을 서서히 덮어갔다. 이 짧은 글 안에 그때의 나 의 심정이 얼마나 고스란히 전달될 수 있을지 모르겠지만 나 에겐 정말 더 이상 살 수 없을 것 같은 커다란 고통의 시간이 었다. 마음이 너무 괴로웠다. 설명할 수 없는, 내가 통제할 수 없는 이 상황이 너무 괴로웠다. 그렇게 또 몇 주, 몇 달 다시 복귀해서 운동을 시작했고, 얼마 뒤 같은 증상이 반복되었다.

두려웠다. 내 인생을 계속 여기에 바쳐도 되는 걸까? 내가 축구를 계속할 수 있는 걸까? 병원에서도, 부모님도, 김독님, 코치님도, 누구도 답을 해줄 수 있는 사람이 없었다. 그 막막함, 실패에 대한 두려움이 너무 과도했던 건지도 모르겠다. 그래서 너무 속단한 거였는지도 모르겠다. 하지만 고민 끝에 나는 축구를 그만두기로 결정하고, 부모님, 감독님, 코치님에게 나의 결정을 말씀드렸다. 다들 괜찮을 거라고 계속하라고, 이렇게 포기하면 아무것도 할 수 없다고 강력하게 말리셨다. 그렇게 몇 달간의 설득과 반대의 과정이 있었지만 나의 마음은 변하지 않았다. 지금 생각해보면 그때는 '그래, 하늘이 내가 이렇게 원했던 축구를 할 수 없게 만든다면, 나도 안 한다. 후회하지 마라.' 뭐 이런 복수심 혹은 약간은 삐뚤어진 생각을 했던 것 같다. 하지만 그 막막함, 불안감으로 인한 나의 상처는 너무 쓰라렸고, 나는 결국 축구를 그만두었다.

그리고 나서 뒤돌아보지 않았다. 아무 대책도 없었지만, 고등학교 2학년 여름, 나는 나의 인생을 걸었던, 나에게 단 하나이자, 전부와 같았던 축구를 그렇게 그만두었다. 그리고 축구는 내 인생에서 사라졌다. 처음엔 어둡고, 부정적으로 시간을 보냈던 것 같다. 아무것도 안 먹다가, 또 시간이 지나서는 폭식을 하기도 하고 정말 아무것도 안 하면서 지냈다. 인생의 유일한 목적이 사라진 그때, 나는 완전히 방향을 잃고 무엇을 해야 할지 몰랐다. 그리고 그 당시의 우리나라 축구 시스템상 학교 수업도 전혀 들어가지 않았기에 나는 중학교 1학년 이후 공부는 완전히 손을 놓고 있던 상태였다. 모든 것이 막막했다. 재능으로 시작한 축구, 나를 위해 준비된 것처럼 보였던 모든 것들이 물거품처럼 사라져 버렸다. 나는 아무것도 할 줄 아는 게 없었다.

그렇게 그냥 먹고 자기만 하며, 도대체 뭘 해야 할지 모르는 막막함과 불안감으로 시간을 보냈다. 잠도 잘 안 왔다. 생활 리듬이 완전히 망가져 있었다. 그렇게 한 달을 보내고 나니 시간이 약이라고 뭐라도 해야겠다는 생각이 들었다. 생존을 위한 본능이었는지 정확히 어떤 계기였는지는 알 수 없지만 내 안에 자리 잡은 이 부정적인 생각들, 어두운 느낌들을 제거하고 아예 끊어버리고 싶다는 생각이 들었던 것 같다. 새벽에 일어나 혼자 지리산으로 향했다. 6시간 정도 버스를 타고 갔던 것 같다. 이른 새벽 음악을 들으면서 갔던 그 인상이 남아 있는데 산을 뛰어 올라가며 그동안의 나태함과 게으

름을 다 떼어내버리자고 다짐했던 것 같다. 그리고 내려와서는 뭐가 되었든 시작해보겠다고.

천왕봉이 정상이라고 해서 천왕봉을 찍고 오는 것을 목표로 했다. 사실 등산 경험이 전혀 없었던지라 반바지에 바람막이만 걸치고 러닝화를 신고 갔었다. 도착하니 안개 낀 날씨에 비가 살짝 오는 듯한 날씨였는데, 지리산 초입에서 안내하시는 분에게 이쪽으로 올라가면 천왕봉이 나오느냐고 여쭤봤다. 그러자 그분께서 크게 놀라시며 지금 그렇게 입고, 물도 없이 천왕봉까지 가려고 하냐고 물으셨다. 그렇다고 하자 이 날씨에 그 복장으로 갔다가 사고라도 나면 어쩌려고 하냐며 보낼 수 없다고 하셨다. 나는 새벽에 일어나서 서울에서 6시간에 걸쳐 여기까지 왔다고 그냥 갈 수는 없다고 했다. 그분께서는 절대 안 된다고 하셨다. 나는 알겠다고 하고 가는 척하다가 돌아서 다시 산을 향했다. 사실, 그렇게까지 말리시니 혹시나 오르다가 중간에 다친 무릎이라도 아프면 어떻게 하지 걱정도 들었지만 그냥 돌아갈 수는 없었다. 모든 것을 내려놓고, 새로운 마음으로 돌아가고 싶었다. 그래야 내가 살 것 같았으니까. 음악을 들으며 계속 올라갔다. '난 뭘 할 수 있을까?', '내가 뭘 잘할 수 있을까?', '나는 성공할 수 있을까?' 그런 질문들을 하며 올라갔다. 오를수록 숨이 가빠졌지만 자연 속에서 맑은 공기를 마시고 땀을 흘리니 뭔가 정화되는 느낌이 들었다. 안내소에 계시던 분께서 걱정했던 대로 몇 시간이 지나자 목이 너무 말랐는데 딱 그즈음 내려오시던 분들께서, 그 차림으로 물도 없이 온 거냐고 놀라시며, 감사하게도 물을 나눠주셨다. 그렇게 결국 천왕봉에 도착했는데 비바람이 몰아치고 있었다. 돌이켜보면 삼대에 걸쳐 덕을 쌓아야만 볼 수 있는 것이 천왕봉 일출이라고 하는데 그때가 일출이랑은 관계없는 시간이긴 했지만 비바람이 몰아치고 있었던 것은 아직 한참 배우고, 덕을 많이 쌓아야 했던 나였기에 그랬었나보다 싶다. 비바람이 몰아치는 천왕봉을 힘겹게 기어서 정상을 찍었던 기억이 난다. 그리고 '난 성공할 거야. 나중에 아들을 나으면 이름을 고천왕으로 지어야지'라는 재밌는 상상을 하며 성공을 다짐했다.

그렇게 산을 내려오는데 날이 개기 시작했다. 올라가는 건 괜찮았는데 다리에 근육이 뭉쳐서 내려올 땐 엄청 고생했다. 그래도 마음은 비온 뒤 갠 날씨처럼 산뜻해져 있었고, 올라갈 때 안개에 뒤덮여 있던 산도 햇빛에 정말 이쁘게 반짝였다. 그렇게 내려와서는 해냈다는 성취감을 느끼며 간단하게 저녁을 먹고 목욕탕을 갔다. 집으로 와서는 정말 아무 생각 없이 푹 잤다. 고된 일정이었지만 방에서 나와 몸을 움직이고, 좋은 걸 보고, 좋은 생각을 하니 내 마음속에 밝은 불씨가 다시 고개를 내밀기 시작했다. 내일, 앞으로를 위해 축구를 내 마음에서 미련 없이 보내야겠다는 생각을 했고, 다시는 후회 속에서 무기력하게 살지 않기로 다짐했다.

써놓고 보니, 그날 하루에 많은 답이 담겨져 있는 것처럼 보인다.

좋아하는 것,
다시 꿈꾸다

그렇다고 해서 내 앞에 갑자기 좋아하는 것이 '짠' 하고 나타나진 않았다. 이대로 주저앉아서는 안 된다는 생각과 막연히 뭔가를 해야만 한다는 생각만 있었을 뿐이다. 솔직히 지금 생각해보면 말이 안 되는 것이지만 당시 대부분의 학교 축구부는 수업을 전혀 들어가지 않았다. 특별히 어떤 이유로 학교에서 지침이 내려오지 않는 한, 보통은 시험 때만 들어가서 정답을 전부 찍고 나오는 정도였다. 20년이 지났기에 아무렇

긍정의 스위치를 켜라

지 않게 할 수 있는 이야기다.

축구부에서의 마지막 정리를 하던 기간, 내 눈에 비친 또래 친구들을 보면서 많은 생각을 했다. 교복을 입고 친구들을 만나 등하교하는 모습들, 공부하고, 점심시간이면 매점에 모여 아무런 걱정 없는 듯 웃으며 노는 모습들, 그렇게 모두가 공유하는 일반적인 속도에 맞춰 사는 듯이 보이는 또래들이 부러웠었다. 물론 그 친구들도 각자의 고민이 있었겠지만 당시 원하는 것을 갑자기 할 수 없게 된 나의 상황에서 바라봤기에 더욱 그렇게 보여졌던 것 같다. '저렇게 아무 일 없이 학교 잘 다니다가 대학에 가서, 캠퍼스 생활을 즐기고, 졸업 후엔 취직을 하고, 또 몇 년 뒤면 결혼을 하며 순탄하게 별걱정 없이 살겠지'라는 부러움의 눈으로 그들을 바라보았다. 그리고 나 또한 적어도 그런 평범한 삶이라도 살고 싶었다. 그러고는 '이제 시작하면 약 5년이라는 시간이 뒤처질테지만, 일단 어떤 선택을 하든 공부는 해야 될 테니까 공부를 하자'라는 결심을 했다.

축구부를 그만두고 숙소를 나왔기에 집 근처로 전학을

왔고, 학원들을 돌며 뒤처져 있는 나의 상황에서 도대체 어떻게 하면 그동안의 공백을 따라잡을 수 있을지 여러 선생님에게 상담을 받았다. 상담해주신 선생님은 중학교 영어, 수학부터 공부해야 한다고 하셨다. 그렇게 시작한 공부는 너무 당연하게도 하나도 이해할 수 없었다. 그럼에도 '이건 내가 지금까지 하지 않은 거니까 모르는 게 당연한 거야'라고 생각하며 자연스럽게 잘 받아들이고, 무조건 열심히 했다. 앞서 말한 수업을 전혀 들어가지 않았던 것의 결과로 당연하게도 나의 내신성적은 0에 가까웠고, 학교 진도와 나의 진도도 완전히 달랐다. 그때, 학원 선생님 한 분이 '학교를 자퇴하고, 검정고시를 보면 비교내신으로 수능 성적만 잘 받으면 내신의 불이익이 없어진다'고 이 방법도 잘 생각해보라고 말씀해 주셨고, 나는 자퇴를 선택하게 되었다. 아버지는 반대하셨지만 나는 설득 끝에 학교를 그만두고 검정고시를 봤다.

한 반 년 정도 3시간씩 자며 공부를 하다 보니 뭔가 아주 조금씩 진도가 나가기 시작했다. 그 즈음, 연기를 하던 한 친구가 있었는데 나에게 한번 같이 해보지 않겠냐고 하였다. 어려서부터 나는 워낙 영화를 좋아했고, 축구를 할 때도 쉬는 날엔 꼭 극장에 가서 영화를 봤었다. 축구선수 시절 이미 축구 하나만 바라보고 있었기에 생각할 겨를이 없긴 했지만, 그 전에도 한 번도 배우가 되겠다는 생각을 해 본 적은 없었다. 그런데 그때는 왜 그랬을까? 뭘 하든 처음인 것은 마찬가지여서 그랬는지, 공부에 대한 막막함이나 불안감 때문이었는지 정확히 무슨 이유에서인지는 잘 모르겠다. 친구의 그 말이 내 가슴에 훅 들어왔다. 그리고 집에 가서 고민했다. 정말 막연하게 '하고 싶다. 재미있겠다. 잘할 수 있을 것 같다'라는 생각이 들었다. 내가 영화관에 가서 받았던 좋은 느낌과 에너지, 공감과 위로를 나도 직접 그런 멋진 일의 일원이 되어서 사람들의 마음에 불어넣어 줄 수도 있지 않을까? 무엇보다도 그렇게 멋진 작품들 속에서 다양한 인물들로 사는 경험을 할 수 있다니 정말 멋진 일이 아닌가?라는 생각을 했다. 내 안에 뭔가 새로운 희망이 싹트기 시작했다.

일주일 뒤, 친구에게 연습실을 한번 따라가 보고 싶다고 했다. 그리고 그날 방과 후, 친구를 따라 어느 건물 지하에 있는 연습실로 갔다. 당시 대학생이던 몇 명의 선생님들이 계셨는데 나는 연기를 배워보고 싶다고 말씀드렸다. 그랬더니 한

번 읽어보라며 짧은 대사가 있는 한 장의 A4 용지를 건네주
셨다. 그렇게 대사를 읽었는데 "명우는 말을 할 줄 아는구나"
라며 칭찬을 해주셨다. "운동을 해서 그런지 몸의 중심도 잘
잡혀 있고, 목소리도 좋네, 좋은 걸 가지고 있는 것 같다"고 하
셨다. 축구를 그만둔 뒤부터 마음속에 항상 존재해 왔던 '앞
으로 내가 뭔가를 할 수 있을까?'라는 불안감으로부터 작은
기대와 희망이 자라기 시작했다. 기분이 좋았다. 그리고 며칠
고민 끝에 부모님께 말씀을 드렸는데 갑자기 무슨 연기냐며
지금도 늦었으니 이제부터라도 죽어라 공부해서 남들처럼 안
정적인 삶을 살 수 있도록 해야 하는 것 아니냐며 아버지의
반대에 부딪혔다. 사실 부모님께선 내가 축구선수가 되는 것
에 대한 기대가 크셨었다. 그런데 축구를 그만두게 되니 그만
큼 실망도 크신 상태셨고, 축구만 해왔던 내가 앞으로 어떻게
살아갈지 여러모로 많은 걱정을 하고 계셨다. 게다가 성적을
위해 검정고시를 보겠다고 학교까지 그만뒀는데, 갑자기 연
기를 하겠다고 하니 돌이켜보면 그때 당시의 아버지 마음도
충분히 이해가 된다.

그렇게 계속되는 반대와 설득, 그로 인한 대화 단절로

오랜 시간을 보냈다. 나는 어설프게 공부하는 척하며 연기를 배우며 입시를 준비했다. 그리고 떨어졌다. 예비 56번인가 뜬 걸 보고 실망했던 기억이 난다. 그런데 그때는 스스로 돌아봐도 열심히 하지 않은 걸 인정해서였는지 크게 실망하거나 후회가 남진 않았다. 집에서는 반대와 대화 단절로 편치 않은 시간들을 보내고 있었고, 그마저도 어설프게 준비하여 입시에서도 떨어진 그때, 난 그냥 그 상황을 벗어나고 싶다는 생각이 들었다. 뭔가 숨이 막혔고, 어떻게 해야 될지 정리도 잘 되지 않았다. 그래서 예비 번호가 뜬 걸 본 그날 바로 도망치듯 군대에 자원 입대를 신청했다.

훈련소에 들어가고 첫날밤이 돼서야 '아, 나 군대 왔구나' 실감했던 것 같다. 그러고 나서는 나오면 연기를 하겠다는 생각만 하며 틈이 나면 《배우수업》 등의 책을 읽고, 연기 하나만 생각했다. 그렇게 시간은 흘렀고, 전역 후 나는 바로 입시 학원으로 향했다. 핸드폰 번호도 바꾸고, 모두와의 연락을 끊고, 입시에 집중했다. 아침에 일어나자마자 도시락을 싸서 학원에 가서는 하루 종일 수업과 연습을 반복했다. 주말에는 영화만 봤다. 전혀 힘들지 않았다. 목표가 있어 즐겁게 했고, 무엇보다 연기가 너무 재미있었다. 하루 종일 연기를 생각하고, 연습하고, 피드백 받고, 고치고, 또 연습하고 연기를 하는 것이 그냥 너무 즐거웠다. 축구 이후 다시 한번 살아 숨 쉬고 있다는 것을 느꼈다. 내가 좋아하는 일을 이렇게 할 수 있다는 게 정말 너무 좋았다. 그렇게 또 꿈이 생겼고, 나는 최고의 배우가 되겠다는 생각으로 정말 열심히 했다. 다섯 달 정도를 다녔고, 단국대 연기과 수시에 지원하였다. 그때 경쟁률이 역대 최고로 208:1이었다. 열심히 준비해서 더 그랬던 거 같은데 시험 전날은 잠을 거의 못 자고 뜬눈으로 밤을 지새웠다. 수험장엔 정말 많은 학생들이 와 있었다. 긴장됐다. 시험장에 들어가서 딱 1분 30초 동안 준비한 종합 연기를 했다. 다른 학교와 다르게 단국대는 시간에 굉장히 엄격했는데, 제한 시간이 끝나면 종을 침과 동시에 모든 것을 마치고 퇴장해야 했다. 시험 전날까지도 무용과 연기를 혼합해서 준비한 전체 내용이 시간이 약간 오버되었는데 1분 30초에 맞추려고 연습에 연습을 거듭했다. 마지막까지 정리가 완전히 되지 않았는데 시험 날은 내가 연기를 마치는 그 순간 딱 종이 쳤다. 그리고 앞에 계시던 시험관 교수님 한 분이 고개를 끄덕끄덕하시는 게 내 눈에 들어왔다. 물론 그게 합격을 확신하는 근거가 되기에는 너무 부족했기에, 아마 그냥 그렇게 믿고 싶었던 나의 마음에서 나온 것인지는 모르겠지만 나는 직감했다. '붙었다!' 그리고 몇 주의 기다림 끝에 소식을 들었다. "합격." 그날, 모니터 앞에서 고개를 떨며 아무 말 없이 그냥 펑펑 울었다.

지금도 돌이켜보면 이후에도 인생에서 많은 기쁨의 순간들이 있었고, 합격의 소식을 들었지만 그날은 분명 나의 인생에서 가장 기쁜 날 중 하나였던 것 같다. 그만큼 간절했으니까. 하지만 그게 대학 자체에 대한 간절함은 아니었다. 자의 반 타의 반 축구를 그만두게 되고 나서 마주한 좌절과 불안에 휩싸였던 나 자신에게, 그리고 나를 걱정하던 모든 사람들에게 내가 아직 뭔가 할 수 있다는 걸 정말 간절하게 증명하고 싶기도 했고, 내 안에 그에 대한 압박이 너무나 컸기 때문에 더 그랬었던 것 같다. 그래서 너무 감격스러웠고, 기뻤던 것 같다. 208:1이라는 숫자도 나에게 더 큰 자신감을 주었다. '이제 진짜 내 꿈을 펼칠 시간이 온 거야'라고 나 자신에게 되뇌었다. 내 안에 희망의 불씨가 다시 타오르기 시작했다.

희망의 불씨
그리고 암전

스물세 살의 나이에 대학에 합격하였다. 생각이 많았던 것 같다. 지금 당장 데뷔해도 빠른 게 아니라는 생각이 들었고, 빨리 현장에 나가서 경력을 쌓고 존경하는 배우 선배님들, 감독님들과 함께 작업할 수 있는 배우가 되어야겠다는 생각을 했다. 정말 가슴 뛰는 목표였다. 수시 합격 통보를 받자마자 프로필을 준비했고, 각종 오디션 사이트에 나의 프로필을 올리기 시작했다. 그리고 카메라 연기 수업을 받아야겠다는 생각이 들어 여러 학원을 찾아다녔다. 그리고 학기 시작 전부터 아르바이트를 하며 외부에서 카메라 연기 수업을 받기 시작했다.

몇 달 뒤, 학기가 시작되자 학교에서는 연기 외의 여러 가지 신입생 행사와 술자리로 대부분의 시간을 할애해야 했다. 소속감을 위해 참석을 강요당하는 느낌이 없지 않았지만 솔직히 그때의 내 눈엔 그런 것들이 시간을 허투루 보내는 것으로 보였다. 난 나의 시간을 조금도 낭비하고 싶지 않았다. 그래서 나는 이후 학교 행사에 일절 참여하지 않기로 하고, 외부에서 진행하는 카메라 수업에 더 집중했다. 학교에 나가는 날이면 영화과 동기들에게 프로필을 돌리고, 단편 작업할 때 맞는 역할이 있으면 불러달라고 부탁했다. 술도 좋고, 노는 것도 좋았지만 나에겐 그럴 시간이 없었다. 결국 학교를 휴학하고, 외부 수업을 1년 정도 받으며, 학교와 외부 단편 작업으로 연기에 대한 감을 잡아나갔다. 포트폴리오를 더해가며 매주 비타민 음료와 프로필을 돌리다 보니 드라마 캐스팅 디렉터분들에게 연락이 오기 시작했다.

첫 드라마 촬영장에 나가던 날이 생각난다. 대본을 받았는데 이름이 아닌 '학생 1'이라는 역할이었다. "저요!"라는 짧은 대사였지만 그래도 설렜다. 그 두 음절의 대사를 가지고 하루 종일 연습했다. 보통 내 출연 분량은 너무 짧아서 30분 안에 마무리되곤 했다. 그렇게 한 번, 두 번 나가다 보니 인연이 된 캐스팅 디렉터 분들이 그다음에도 기회가 되는 대로 계속 불러주셨다. 그렇게 드라마에 출연하면서 방송 등급도 받게 되었고, 회당 출연료도 조금씩 올라가게 되었다. 연락이 오는 대로 드라마 단역도 하고, 복학해서 학교 공연도 하고, 오디션을 통해 장편 영화 단역도 출연하고, 입시 개인 레슨도 하며 나름의 최선을 다하며 바쁘게 살았다.

그러던 중, 한번은 여의도 MBC에서 '대장금 2' 오디션을 진행한다는 공고를 보게 되었다. 주조연급 캐스팅이라고 명시되어 있었고, 지원 후 프로필 단계에서 합격 연락을 받아 열심히 준비했다. 오디션도 준비한 대로 잘 마쳤는데 진행해 주시는 분이 합격되었다고 앞에서 따로 미팅을 갖자고 하셨다. 가보니 오디션장에서 봤던 다른 연기자들도 몇 명 와 있었다. 카페에서 한 명씩 따로 미팅을 가졌는데, 미팅을 진행하시는 분이 자기는 이번 작품을 같이 제작하는 제작사 대표라고 소개하였다. 그리고 나의 장점들을 나열하며 좋은 느낌으로 봤다고 주조연 역할로 합격이 될 거고, 추후 연락이 갈 거라고 하였다. 그렇게 주체할 수 없이 기쁜 마음을 안고 집으로 돌아가는 길에 전화를 받았고, "얘기를 해봤는데 진행이 잘될 것"이라고 하셨다. "근데 이게 경쟁이 치열해서 확실하게 하려면 2,000만 원 정도가 필요하다"고 돈을 마련할 수 있겠냐고 하셨다. 사실 지금 보면 누가 봐도 명백한 사기꾼들이었는데 그때의 나의 눈엔 그런 게 전혀 보이지 않았다. 나의 꿈과 절실함이 나를 눈멀게 했었나 보다. 나는 흥분된 마음으로 '이 돈을 어떻게 구하지?'라는 생각만 했다. 물론 나에겐 그런 돈이 없었다. 고민 끝에 어머니에게 말씀드렸는데 지금 우리 형편에 그런 돈은 없다고 하셨고, 돈을 요구하는 게 좀 이상한 게 아니냐고 하셨다. 나는 아니라고, 다 그런 거라고 하며 몇 년 전부터 급격하게 어려워진 집의 상황만 원망했다.

결국 문자로 아쉽게도 지금은 그럴 돈이 없다고 연락을 하며, 그래도 출연은 어렵겠냐고 시간을 좀만 더 달라고, 돈을 구할 방법을 알아보겠다고 했다. 그러다가 연락이 끊기게 되었고, 나는 다른 사람에게 기회가 넘어갔나보다 생각하며 후회와 아쉬움으로 시간을 보냈다. 그런데 얼마 뒤 경찰서에서 전화가 왔다. 그 사람들의 연락처를 확인하고는 여러 가지를 질문하였다. 물어보니 제작사와 PD를 사칭한 사기꾼들이라고 하였다. 안도의 한숨과 함께 '사람의 꿈을 이용해 이런 사기를 치는 사람들도 있구나'라는 생각에 세상이 참 무섭다는 생각도 했다. 그제야 어머니에게도 죄송한 마음이 들었다.

나는 다시 연습 모드로 들어갔고, 오디션도 보며, 휴학과 복학을 몇 번 반복하며 시간을 보냈다. 학교에서 공연도 올렸는데 나의 연기를 본 어떤 선배가 "저게 배우지"라는 말을 하셨다고 동기에게 전해 들었다. 공연을 본 다른 선배들, 교수님들도 많은 좋은 평가를 주셨다. 그리고 그즈음에 공연을 마치고 학교 수업을 듣는 중 '카메라 연기' 수업을 진행해 주시던 영화 감독님이 나를 좋게 보셨는지 한 기획사 대표님에게 나를 소개시켜주셨다. 그리고 이야기가 잘 진행되어 계약을 하게 되었다.

'다시 또' 나는 희망을 품었다. '그래, 이제 진짜 기회가 오는구나', '이제 연기만 열심히 하면 되는 거야!', '이 기회를 절대 놓치지 말아야지'라는 생각으로 결의를 다졌다. 얼마 뒤, 한 영화의 주조연 역으로 회사와 이야기가 진행되었고, 나는 열심히 준비해서 오디션을 보고 해당 감독님과 미팅노 진행했다. 그런데 모든 게 다 잘 진행되는 듯하다가 주연 배우로 어느 대형 기획사의 배우가 캐스팅되면서 나로 확정되었던 배역이 해당 회사의 신인 배우로 바뀌게 되었다. 그 이후에도 몇 번의 비슷한 일들이 반복되었고, 나중에는 회사를 통해서도 내가 이전에 혼자 진행하던 드라마 단역 정도만을 하게 되었다. 그렇게 다시, 가끔씩 드라마 영화 단역, 광고 촬영 정도를 하며 시간을 보냈다. 어떤 연결 고리라도 생기지 않을까 하여 학자금 대출을 받아 대학원을 갔다. 이후, 영화제에 출품된 중편 영화 주연도 맡고, 이런저런 방향들을 모색하며 또 희망을 품었던 순간들이 몇 번 있었지만 결과는 마찬가지였다. 그렇게 8년의 시간이 흘러있었다.

2017년 말, 내 나이 서른한 살이 지나가고 있었다. 그 시간을 인지하는 순간 숨이 탁 막혔다. 나의 20대는 다 지나갔고, 나는 이 사회에서 아무런 가치를 인정받고 있지 못하고 있었다. 남들은 회사에 다니며 자신이 번 돈으로 부모님께 용돈도 드리고, 미래를 준비하고, 결혼해서 가정을 꾸리는 친구들도 있는데 난 뭘 한 거지? 이걸 계속 붙잡고 있어도 되는 걸까? 정말 한 치 앞도 보이지 않았다. 재작년과 다르지 않았던

작년, 작년과 별반 다르지 않았던 올해, 그 당시 내가 기댈 곳은 영화 아니면 술밖에 없었다. 술을 마시며 나와 비슷한 처지에서 비슷한 고민을 하던 친구들과 영화와 연기에 대해 얘기하는 게 그나마 그 시절을 버틸 수 있게 해준 힘이었다.

우울했고, 겁이 났다. 내가 할 수 있는 것도, 그렇다고 포기하고 시작할 수 있는 다른 것도 없는 것처럼 보였다. 연기 하나만 해왔기에 다른 할 줄 아는 게 아무것도 없었다. 그런 생각과 불안이 막상 시작되니 걷잡을 수 없이 커져만 갔다. 그리고 아무리 생각해도 답이 보이지 않았다. 한강을 지나갈 때마다 다리를 보며 뛰어내리는 상상을 했다.

'그냥 뛰어내리면 다 끝 아닌가? 내가 느끼고 있는 이 불안과 미래에 대한 두려움, 마음의 괴로움, 세상에 대한 원망도 죽으면 다 끝이 아닌가?'라는 생각을 했다. '도대체 왜 나에게만 이런 일이 생기는 거야. 축구도 못하게 했으면서 왜 연기조차도 기회를 주지 않는 거야. 나보고 어떻게 하라고….' 내 마음의 희망의 불씨는 '다시 또' 완전히 꺼져가고 있었다.

긍정의 스위치를 켜라

PART 2

긍정의 스위치를
위한 8가지 힘

성공을
프로그래밍하다

지속적 개선: 8가지 힘

우리가 어떤 문제를 마주하거나, 예상치 못한 상황에 처하게 되었을 때, 우리 자신에게 그 문제를 능히 해결할 힘이 있다면 모든 부정적인 감정과 행동하지 않음의 시작인 불안과 두려움이라는 우리의 최대의 적은 우리 안에서 사라지게 된다.

당신이 어느 날 갑자기, 반드시 제출해야만 하고, 기한이 내일까지인 어떤 고지서를 받았다고 상상해보자. 비용은 500만 원이다. 당신 수중엔 당장 그것을 해결할 돈이 없고, 연락이 닿는 모든 곳을 알아봤지만 역시나 당장 그 돈을 마련할 상황이 안 된다. 설상가상 기한을 지키지 못하면 추가 비용이 다달이 청구된다고 한다. 당신은 그 감당 못하는 상황이 점점 더 불안하고, 두려워지기 시작한다. 하지만 만약 당신이 이 문제를 해결할 경제적 능력, 자립적 힘이 있다면 당신은 불안과 두려움으로부터 자유로워진다. 그것의 가치나 내용에 따라 기분이 나쁘거나 따지고 싶을 수 있을지언정 불안하거나 두렵진 않다. 그냥 비용을 지불하고, 쉽게 해결해 버리면 된다. 법적으로 문제가 있는 내용이라면 변호사나 그에 맞는 전문가를 고용하면 된다.

당연하게도 우리는, 앞의 예시와 같은 돈과 관련된 상황에서뿐만 아니라 모든 상황에서 그 편치 않은 감정인 불안과 두려움으로 우리의 인생을 채우고 싶어 하지 않는다. 그 감정 자체가 주는 고통스러움과 불쾌함도 이유지만 그런 부정적 감정과 상태가 또 다른 부정적 감정과 행동을 불러오고 그로 인해 우리의 긍정적 반응, 긍정적 행동, 자신감, 앞으로 나아감을 방해하기 때문이다. 하지만 우리가 마주하는 그러한 상황들을 해결할 수 있는 힘을 스스로 갖추어 놓지 않는다면 우리는 이 복잡하고, 한 치 앞도 내다볼 수 없는 세상에서 그런 상황들을 또다시 마주하며 불안과 두려움을 느끼게 될 것이다. 그리고 그것이 근본적으로 해결되지 않는 한, 그 상황은 계속해서 반복될 것이다. 그러므로 우리는 힘을 길러야 한다. 그 힘을 통해 우리 스스로를 준비시켜야 한다. 그 과정에서 우리가 기억해야 할 중요한 한 가지는 '모든 변화는 우리 자신으로부터 시작한다'는 것이다. 비교, 불평, 남 탓 등의 외부를 향한 비난과 기대는 그 어떤 것도 해결해주지 않는다. 오히려 그것을 요구하는 과정에서 더 큰 기대와 더 큰 비교, 더 큰 실망으로 관계와 감정, 상황을 악화시키고, 문제에 반응하는 당신의 부정적 방식만을 더욱 강한 습관으로 굳어지게 만들 뿐이다. 가장 확실한 방법은 하나, 우리 스스로 변화하는 것이다. 그리고 그러한 자세는 우리가 우리 스스로를 종속적인 위치에 있는 피해자로 바라보는 것이 아닌, 우리 삶의 온전한 통제권을 가진 주체적인 존재로서 인식하게 하는 자유

긍정의 스위치를 켜라

의 시작점이 된다.

지금부터 만나게 될 8가지 힘은 지속적 자기 개선과 뛰어난 자기 경영을 통해 우리로 하여금 마주하는 인생의 문제들을 손쉽게 해결할 수 있도록 도와줄 것이다. 우리의 최대 능력을 발휘할 수 있도록, 우리가 원하는 최고의 결과를 만들어낼 수 있도록 우리를 최고의 '상태'로 안내하고, 준비시켜 줄 것이다. 우리가 원하는 것이 시험의 합격이든, 회사에서의 승진이든, 경제적인 성장이든 혹은 완전히 다른 영역에서의 새로운 시작이든, 그 무엇이든 말이다. 그리고 결국, 우리는 그 긍정의 축적, 강력한 성공의 프로그래밍을 통해 우리 안의 긍정의 스위치를 켜게 될 것이다. 이제, 그 8가지 힘을 만나보자.

솔직함의 힘

　모든 암흑의 시간을 보내고 난 뒤인 지금의 나로서 그 모든 불이 꺼진 듯한 암전의 시기에 내가 느꼈던 생각과 감정들을 써내려가며 '그게 정말 죽고 싶을 만큼이나 괴로웠었나?'라는 생각도 들었다. 하지만 나는 안다. 부정적인 생각, 어두움이 마음을 잠식해 나가면 끝이 없는 수렁 속으로 빠지게 될 수 있다는 것을. 당시 끝없이 마시던 술도 한몫을 한 것 같다. 그렇게 우울하고, 부정적인 생각의 나날들을 보내다가 결국 나는 생각했다.

'그래, 죽으면 다 끝이라는 생각이라면, 내가 가진 이 삶을 포기할 수 있는 그런 용기라면, 되는 대로 도전을 못해 볼 것도 없지 않을까? 해보고 안 되서 그때 포기하나 지금 포기하나 다를 것은 없지 않을까?'

그리고 나는 내가 이 사회에 발을 붙이기 위해 할 수 있는 것은 무엇일까 고민하기 시작했다.

내면의 싸움

나는 연기를 지속하는 것에 대해서 현실적인 희망 또는 실마리를 전혀 찾지 못하고 있었다. 번번히 마지막에 미끄러지거나 일이 틀어지는 경험을 계속하면서 내 안에는 '무엇을 하든 결국 실패할 것'이라는 두려움이 프로그래밍 되어가고 있었다. 뭘 해도 결국 안될 거라는 생각이 지배적이었다. 그리고 또 한 길만 팠던 나였기에 일반적인 직장 생활과 관련된 새로운 무언가를 시작하는 데 있어 뭔가 할 수 있을 만한 것은 전혀 없어 보였다. 서른하나라는 이르지 않은 나이, 일반적인 것과는 너무 동떨어진 분야만 해왔던 제한된 경력이라는 시각으로 봤을 때 나에게 다른 선택, 새로운 시작은 불가능해 보였다.

외부와의 싸움

내 나이 서른하나, 나는 즐겁게 내 꿈을 위해 노력하고, 고민하며 시간을 보냈지만 내세울 것은 아무것도 없었다. 그렇게 연기를 하겠다더니 이제 와서 대충하고 그만두는 것처럼 보이지 않을까? "열정을 찾아라", "좋아하는 일을 계속해라"와 같은 한 우물만 파서 성공한 이들의 가치를 얘기하는 이 시대에 나는 도망자, 패배자가 되는 것은 아닐까? 난 정말 도망자, 패배자인 게 아닐까? 이 현실에 내가 발을 딛고 설 자리가 있기는 한 것일까?

'뭐라고 하고 그만둘래? 그냥 계속하던 거라도 해.'

'그러다가 계속 지금처럼 살면 어떻게 할래? 결혼은?'

그렇게 반복되는 고민들로 숨이 막히는 답답한 시간을

보냈다. 원래 힘들다는 내색이나 부정적인 얘기를 잘 하지 않는 편인데, 내가 아는 것만으로는 도저히 판단을 내릴 수 없을 것 같아 친구 의석이에게 전화를 걸었다. 그리고 만나자고 했다. 의석이는 나의 이야기를 아무 말 없이 들어주었다. 그리고 질문하였다.

"지금, 네가 진짜로 하고 싶은 게 뭐야?"

"연기지…."

"그럼 연기를 하면 되지 않을까?"

"근데 현실적인 문제를 해결 못하니까."

"그럼 사실은 현실적인 문제를 해결하고 싶은 게 아닐까? 네가 지금 진짜로 중요하다고 생각하는 게 뭐야?"

생각이 멈춰버렸다. 그리고 생각했다. '그래, 사실 난 세상이 말하는 가치, 평가에 신경 쓰면서 그 핑계로 내가 해야 하는 것을 무시하고 있던 건 아닐까?'

그날 밤, 한참을 걸으며 나 자신에게 물었다. 세상의 가치, 사람들의 평가, 멋들어진 말들 말고, 내가 지금 진짜로 원하는 게 뭐지? 머리에서 많은 생각이 들었다. 그리고 써내려갔다.

내가 지금 원하는 것

- 남들처럼 이 사회에 발붙이고 사는 것

- 뒤처지지 않는 것

- 미래에 대한 경제적 두려움, 아무것도 하지 못하게 되는 실패에 대한 두려움을 없애는 것

- 남부럽지 않게 월급 받고, 때 되면 휴가도 가서 드라이브 도 하고, 서핑, 취미 생활을 즐길 여유를 갖는 것

- 회사 생활하며 취미로 유튜브하며 연기든 내가 만들고 싶은 콘텐츠 만드는 것

- 누구한테 아쉬운 소리 하지 않는 것

- 사랑하는 사람과 결혼해서 내 자식들 아쉬운 것 없이 좋은 거 다 해줄 수 있는 행복하고 유복한 가정 꾸리는 것

그렇게 써내려간 한줄 한줄은 솔직히 '세계 최고의 축구 선수', '최고의 배우'를 꿈꿔오던 나의 눈엔 인생의 커다란 포 부도 야망도 없는 너무나도 평범한 것으로 다가오는 내용들 이었다. 하지만 난, 그 순간 생존을 원하고 있었고, 그것들이 그 당시 내가 진짜로 원하는 것들이었다. 낙오자가 되고 싶지

않았다. 그리고 그런 평범해 보이는 것들도 연기 외에는 아무 것도 할 줄 아는 게 없이 30대가 된 나에게는 하나의 큰 도전으로 다가왔다. 써내려간 내용을 의석이에게 말한다고 생각하니 부끄러웠다. 축구선수로서의 꿈, 배우로서의 꿈, 나의 큰 포부를 모두 지켜봐 왔던, 함께 밤을 새가며 꿈에 대해 얘기 해왔던 의석이었기에 평범해 보이는 이 내용들이 내가 지금 원하는 것이라고 말할 것을 생각하니 더 그랬다. 하지만 난 내가 마주한 현실의 문제를 해결해야 했다. 의석이한테 문자로 정리한 내용을 보내고, 전화를 걸었다.

"이게 내가 지금 원하는 것 같다. 근데 뭘 어떻게 해야 될지는 여전히 모르겠어."

"만나서 얘기하자."

나는 의석이를 만나 한참을 걸었다. 그리고 얘기했다.

"개발자, 해보는 거 어때?"

"개발자? 그게 뭐지?"

"내가 예전에 말했던, 웹페이지 만들고, 소프트웨어 만드는 엔지니어."

"현실적으로 말이 되나. 난 컴퓨터도 잘할 줄 모르는데."

"물론 잘하면 더 좋겠지만 그게 발목을 잡는 요소는 아닌 것 같은데? 나도 샌프란시스코에 살 때 한번 고민하고, 알아봤었잖아. 친구로서 가까이서 바라보는 너의 논리적인 성향이나 끈기를 보면 할 수 있을 것 같아. 연봉이나 대우도 꽤 좋고."

"근데 이제 난 더 이상 무작정 희망적으로 도전만 할 수 있는 상태는 아닌 것 같고, 진짜 현실적으로 생각해야 돼. 그거 하는 데 돈이 얼마나 들지도 모르고."

"내 생각엔 충분히 할 수 있을 것 같아. 일단 한번 알아보자. 유튜브에 생활 코딩이라고 검색해서 한번 간단하게 듣고 따라 해보는 것도 좋을 것 같고. 그리고 넌 영주권도 있으니까 나중에 잘되면 실리콘밸리에 가는 것도 상대적으로 어렵지 않을 거고 그러면 연봉도 바로 억 단위야."

어릴 적 부모님께서 이민을 원하셔서 신청했던 영주권이 10년 만에 나온 터였다. 연기를 하던 난 한국에서 배우가 될 거니까 나에게는 필요 없을 것 같다고 말씀드렸다. 여타 미국에서 머물러야 되는 기간, 오고 가는 비용 등을 고려했을 때 현실적으로 감당 못할 지출만 생기는 것 같아 포기하려고 했었다. 부모님께선 혹시 모르니 일단 유지하고 포기는 하지 않는 것이 좋을 것 같다고 하셨고, 그렇게 어찌어찌 영주권을 가지고 있었다. 하지만 나는 간단한 인사 외에는 영어 한마디 할 줄 모르는 상태였다.

"영어도, 컴퓨터도 할 줄 모르는데 솔직히 그게 말이되나?"

"일단 나는 개발자가 좋은 기회가 될 수 있을 것 같다는 생각이 들어. 한번 알아보자."

그리고 나는 집에 와서 개발자와 코딩에 대해서 알아보았다. 이제 막 부트캠프의 붐이 불고 있었다. 문과생 비전공자 출신 개발자들의 스토리들이 눈에 들어왔고, 그럴 때마다 든 생각은 나도 할 수 있겠다는 생각보다는 '저 사람들은 컴퓨터도 잘 다룰 줄 알았을 거고, 학교 다니면서 공부도 많이 했겠지. 나는 완전히 제로인데 내가 과연 할 수 있을까?'였다. 그런 끝없는 부정적 생각 끝에 달리 길이 없던 나는 개발자가 되는 것이 좋은 선택일 수 있는 이유와 왜 이 선택이 나에게 어려운 일인지를 정리해보기로 했다. 절박하고, 머릿속에서 정리가 안 되니 펜을 들고 쓰게 되었다.

개발자를 선택하는 것의 좋은 점

- 무엇을 하든 어차피 내 상황에서 처음부터 하는 건 다 똑같다.
- 부트캠프를 통해 최대 9개월만 투자해서 과정만 잘 이수하면 개발자가 될 수 있다. 다른 직업들에 이런 코스는 많지 않다.
- 개발자는 전문직으로서 사회적으로 지적이고, 좋은 직업으로서 인식된다.
- 연봉이 다른 직업에 비해 높다.
- 개발이 필요하지 않은 서비스는 거의 없다. 개발자로서의 역량을 갖추면 내가 원하는 어느 분야/서비스건 참여하거나 경험할 수 있다.
- 개발자의 수요는 계속해서 폭발적으로 증가하고 있다.

개발자를 선택하는 것의 어려운 점, 나쁜 점

- 개발 관련 문서와 정보들은 대부분 영어를 중심으로 정리

되어 있다. 기본적으로 영어를 할 줄 알아야 한다. 나는 현재 영어를 배워 본 적이 없다. 영어로 된 문장 하나도 번역기 없이 제대로 해석할 줄 모른다.

- 난 컴퓨터를 잘 다룰 줄 모른다. 독수리 타법으로 타자도 평균에 비해 너무 느리다.
- 중학교 1학년 이후 수학을 배워 본 적이 없다(왠지 당연히 기본은 할 줄 알아야 할 것 같다).
- 생활 코딩을 들어봤는데 전혀 무슨 소리인지 모르겠다.

그리고 다시 의석이와 만나서 얘기를 나눴다. 내가 정리한 내용들을 듣고 의석이가 얘기했다.

"뭘하든 처음부터 하는 건 똑같고, 어차피 새로 배워야 하는 조건은 비슷하다면 상대적으로 좋은 조건의 직업이라는 점, 너의 논리적인 성향이나 끈기가 잘 맞을 수 있다는 점, 부트캠프라는 좋은 코스, 현재 늘어나는 개발자의 수요 이런 것들을 생각하면 개발자가 되는 게 가장 빠르게 벌어진 시간을 따라잡을 수 있는 선택인 것 같아."

맞는 말이었다. 뭘 하든 쉬운 게 없다면 좋은 걸 선택하는 게 맞다. 그래서 나는 일단 모든 부트캠프, 국비지원 학원들을 직접 방문해보기로 했다. 직접 가서 여러 가지 질문들을 하며 알아보았다. 어떻게 진행이 되는지, 경제적으로 감당이 가능한지 등을 확인하는 과정이기도 했지만 무엇보다도 이 선택이 안전한 것이라고, 가능한 것이라고 나 자신을 확신시키기 위한 노력의 시간이었던 것 같다.

"저는 영어를 전혀 할 줄 모르는데 제가 따라갈 수 있을까요?"

"저는 컴퓨터로 게임도 안 하고, 영화 보는 데만 사용했는데 제가 할 수 있을까요?"

"저는 중학교 1학년 이후에 운동만 하느라 공부도 전혀 하지 않았는데 제가 따라갈 수 있을까요?"

"저는 연극영화과 출신인데, 취업하는 데 불리하지 않을까요?"

"정말 열심히만 하면 할 수 있는 걸까요?"

돌아오는 답은 다 달랐지만 긍정적인 확신을 갖고 답을 주는 분은 솔직히 없었다. 그래도 진심으로 들어주시고, 대답해주셨다. 결론적으로 나의 해석은 "아무래도 다른 사람보다 힘은 들겠지만, 열심히만 하면 가능하지 않을까요?"라는 질문으로 돌아오는 정도의 가능성이었다. 그리고 난 "할 수 있다"로 받아들이기로 했다. 돌이켜 보면 사실 다른 어떤 선택을 해도 마찬가지였기 때문에 그렇게 해석하는 것 외에 달리 방도가 없어서 그랬던 것 같기도 하다.

나는 그렇게 나 자신이 지금 현실적으로 해야 하는 것에 집중해야만 한다는 사실을 솔직함으로 받아들이고, 그런 결정을 내렸다. 많은 고민 끝에 '코드스테이츠'라는 부트캠프를 선택하였고, 다음 기수 시작까지 주어진 한 달의 시간 동안 하루 종일 생활 코딩을 보며 준비했다. 솔직함으로 마주한 그 과정 속에서 외부의 평가, 부끄러움과 같은 것들은 나에게 부차적인 것이 되어 있었다. 생존을 위해 해야만 하는 것을 선택했고, 또 할 수 있어야만 했다.

1 솔직함으로 내가 지금 마주한 상황과 현실, 원하는 것을 다시 바라 보고, 인정하였다.

2 솔직함으로 마주하니 다음 나아갈 방향이 보였다.

3 부끄러워하지 말고 솔직하게 도움을 청하라. 당신이 생각하지 못했 던 정보와 의견을 알게 되고, 도움을 얻을 수 있다. 당신이 계속 당 신 안에서 같은 방법으로만 알아보고, 노력할 때, 당신의 틀 안에 갇혀 더 좋은 다른 것들을 놓치게 될 수 있다. 아인슈타인이 말하 지 않았던가 "똑같은 일을 반복하면서 다른 결과를 기대하는 것은 미친 짓이다."

4 그만두는 데에도 용기가 필요하다. 외부의 시선은 본질적인 것이 아니다. 솔직함으로 자신과 상황을 마주하라.

5 솔직함이 '진짜', '본질'을 바라볼 수 있게 해주고, 본질을 바로 봐야 문제를 해결할 수 있다.

마주하는 것의 힘

　그렇게 부트캠프가 시작되었고, 6개월 후, 나는 부트캠프 수료 후 나는 바로 취업에 성공하였다. 그리고 한 번의 이직을 통해 실리콘밸리에 오게 되었다.

　지금까지의 이야기가 빛이 전혀 보이지 않던 어두움의 시간들, 문제 해결을 위한 방법을 알지 못하고 힘이 없어 겪었던 실패와 방황의 시간들이었다면, 지금부터는 내가 부트캠프의 시기부터 지금까지 '어떻게'(How) 완전히 몰랐던, 전혀 익숙하지 않았던 미지의 영역에서 계속해서 적응하고, 잠재력을 최대로 끌어나가며 즐겁게 일할 수 있었는지, 어떻게 계속해서 영향력과 가치를 확장시키고, 연봉을 상승시키며, 폭발적으로 성장해 나가고 있는지 그 구체적인 방법들에 대해 이야기해보고자 한다.

앞서 살펴본 '솔직함의 힘'을 통해 나는 나 자신을 실패의 프로그래밍에서 새롭게 프로그래밍할 수 있는 출발선상에 놓을 수 있게 되었다. 하지만 좋아하지도 않고, 잘하지도 않았던 것을 완전히 처음부터 시작하는 것은 생각만큼 만만한 일이 아니었다.

부트캠프에 처음 갔을 때 동기들에 비해 나는 독수리 타법으로 타자도 느렸고, 심지어 복사(Ctrl+C), 붙여넣기(Ctrl+V), 실행 취소(Ctrl+Z) 단축키조차도 몰랐다. 지금 생각해보면 참 충격적인 무지의 상태였다. 그만큼 나는 그때까지 좋아해서 해왔던 것이 아닌 것엔 아예 관심이 없었다. 그리고 좋아했던 그 분야 자체의 특성도 완전히 편중되어 있었다. 아무런 관련 지식도 경험도 없었던 무지 덕에 나의 속도는 심각할 정도로 더뎠다. 다들 마지막 문제를 풀고, 강의실을 떠난 뒤에도 나는 그 자리에 계속 남아 오늘 배운 것이 무엇이었는지 이해해보려고, 정리해보려고, 그리고 마지막 그 내용을 어떻게든 풀어보려고 씨름했다. 그러다가 다음 일정으로 사람들이 오면 그제야 부랴부랴 짐을 챙겨 나왔다.

처음엔 다 익숙하지 않고, 어렵다
그게 자연스러운 거다

부트캠프 기초반 시작 때에도, 심화반에 턱걸이로 들어가서도 나는 항상 느린 편이었다. 이해가 안 되니 '내가 남들보다 이해력이나 지능이 떨어지는 건가?'라는 생각도 했었다. '남들은 다 너무 쉽게 하는 것 같은데 왜 나한테만 이렇게 어렵고 부자연스러운거지?' 게다가 영어도 한몫을 했다. 수업자료의 90%가 영어였는데 다들 무리 없이 하는 거 보니 특별히 엄청난 양이라거나 어려운 내용은 아니었던 것 같다. 간혹 유학생 신분의 영어를 특출나게 잘하는 동료들도 있었지만 대부분은 기본적으로 학교에서 배운 정도의 실력으로 무리 없이 잘 따라갔다. 하지만 나는 그것도 아니었으니 정말 진퇴

양난의 하루하루였다. 자연스럽게 자기 의심은 커져만 갔다. 하루는 온통 못 알아듣는 걸 하루 종일 보고 앉아 있으니 머리가 지끈거렸다. 지인에게 전해 들은 정보로 주식투자가 망하면 추천한 사람을 원망하는 마음과 같았을까. 나는 의석이에게 전화를 걸었다.

"야, 너 이거 진짜 제대로 알고 추천한 거 맞는 거야? 보면 나아지겠지 했는데 진짜 아무것도 모르겠는데?"

"음, 처음엔 다 그렇지, 네가 컴퓨터나 여러 가지가 익숙하지 않아서 좀 더 어렵고, 더 한 거겠지만 뭘 해도 그건 다 똑같을 거야. 한번 진짜 열심히 해보면 될 것 같은데."

내 상황상 의석이의 말이 확 와닿은 건 아니었지만 뭔가 남 탓을 하고 있는 내가 한심해 보였다. 그리고 다시 봤다. 역시나 똑같았다. 온통 무슨 말인지 이해할 수 없었다. 사실, 나에게 연기나 축구는 자연스럽게 나의 심장이 반응하는, 그리고 나의 선천적인 운동신경과 흥미로 인해 비교적 더 쉽고, 재밌는 것들이었다. 나의 생각과 몸이 자연스럽게 반응했다. 하지만 코딩은 달랐다. 생존 이외에 아무런 흥미도 없었을뿐더러 나의 출발선은 남들보나 한참 뒤였다. 초등학생이 고등학생과 100m 달리기 시합을 하는 것 같은 기분이랄까. 하지만 다시 생각했다. '그래, 여기서 포기하면 다른 것도 다 똑같을 거야. 여기서 포기하면 진짜 끝이다.' 의석이의 말이 생각났다.

'처음엔 다 어려운 거야. 처음이니까 못하는 게 당연한 거야. 진짜 마지막이라고 생각하고 열심히 해보자.'

시간은 누구에게나
똑같이 주어지는 게 아니다

사람들에게 물어봤다. 원래 컴퓨터를 잘했는지, 코딩을 배워 본 적이 있는지, 영어는 얼마나 잘하는지, 어떻게 배웠는지, 하루에 몇 시간을 투자하는지. 대답을 들어보니 하루에 두세 시간 정도 보거나, 일이 있는 사람들은 그마저도 보지 못할 때도 있다고 하였다. 그러고 나서 나는 생각했다. '그래? 그럼 내가 하루에 10시간만 들인다면, 최소한 3배, 4배의 노력을 하는 거고, 그럼 최소 중간은 될 수 있지 않을까?' 못하면 될 때까지 시간을 더 들여서라도 하다 보면 알게 되겠지라고 생각했다. 기초반은 일주일에 한 번 토요일에 오프라인으로 수업을 하고 평일에는 온라인으로 진행했다. 나는 질문이 생기면 찾아보고, 이해가 안 가는 부분들을 모아서 수업 때나 오프라인 수업 끝나고 질문을 하곤 했는데 질문을 끝내 하지 못하고 끝나는 경우가 대부분이었다. 수업을 진행하면서 새로운 내용이 쏟아지면 집중해서 조금이나마 이해했던 포인트들마저도 놓치게 되었고, 질문하려고 적어 놓고는 다른 사람들과 질문 순서를 기다리다가 끝내 질문을 못하는 경우도 생겼다. 그래서 나는 일단 질문이 생기면 부트캠프에서 표방하던 '자기 주도적 학습'을 최대한 하되, 그날 질문은 그날을 넘기지 않는 것을 원칙으로 세웠다. 그런데 온라인상으로는 수업 후 주어지는 질문 시간이 여유가 충분하지 않기도 했고, 좀 더 솔직하게 말하면 '내가 너무 멍청한 질문을 하는 건 아닐까? 그래서 사람들의 비웃음을 사는 건 아닐까?'라는 두려움 때문에 망설이다가 순서를 놓치기 일쑤였다. 이대로는 죽도 밥도 안 될 것 같았다. 나는 부족했던 시간을 만들기 위해 아주 단순한 루틴을 만들었다. 그냥 내가 매일 오프라인으로 나가는 것이었다. 나는 곧장 부트캠프에 전화를 걸어 혹시 직접 가서 자습을 해도 되는지 물어보았고, 공용 오피스니 얼마든지 와도 괜찮다는 답을 들었다. 그래서 세운 당시 나의 루틴은 다음과 같다.

6시~8시 30분	기상, 아침 먹고 배운 내용 복습
8시 30분~10시	공유 오피스로 이동(이동 시 이해가 잘 안 되었던 문제 다시 확인)
10시~1시	코딩
1시	점심(김밥 또는 샌드위치) 후 소화 겸 산책 30분
2시~5시	코딩, 질문 내용 정리
5시~5시 45분	질문
6시	저녁(김밥 또는 샌드위치)
6시 반~10시	질문 답변 내용 정리 후 코딩
10시	귀가
12시	취침

★ 원칙 그날 질문은 멘토분들 퇴근 전에 정리해서 모두 해결하여 당일을 넘기지 말 것.
일정을 잘 소화하고, 시간이 남는 경우 표시해 둔 어려운 문제들 다시 볼 것.

이렇게 함으로써 나는 남들보다 꽤나 많은 시간을 갖게 되었다. 그리고 시간을 투자하니 정말로 조금씩 이해되기 시작했다. 기초반을 끝내고 심화반 시험을 보았는데 결국 턱걸이로 합격하였다. 그리고 심화반까지의 두 달 정도의 시간이 있었고, 난 그 두 달을 똑같은 루틴으로 준비해서 남들을 따라잡기 위해 노력했다. 무엇을 해야 할지 명확하게 방향을 잡지 못할 때면 이전에 봤던 문제들, 어려웠던 내용들을 다시 보는 것으로 정해놓고 보고 또 봤다. 어떤 상황에서도 시간이 낭비되지 않도록 나의 모든 행동을 루틴화/자동화시켰다. 그리고 그렇게 시간이 쌓여가며 더 많은 것들이 이해되기 시작했다. 영어는 버스로 이동 시 《우선순위 영단어》를 보며 단어와 예문들을 외워가며 공부하기도 하고, 보통은 코딩을 공부하며 봤던 문서들을 번역하며 영어도 공부하고, 코딩 관련 개념도 정리한다고 생각했다. 고등학교 2학년 당시 3개월 정도를 제외하고는 나는 중학교 1학년 이후 학교에서 수업을 받은 적이 없었다. 코딩이라는 걸 학습하는 데 있어 아래의 내용들을 고려하면 나는 5년 정도 뒤에서 시작한 거라고 생각할 수 있다.

☑ 기본적인 영어 능력 없음

☑ 타자 엄청 느림. 영어 타자 전혀 모름. 독수리 타법

☑ 복사, 붙여넣기 같은 아주 기본적인 컴퓨터 사용법 모름

☑ 공부라는 것을 해 본 적이 없음. 기본적으로 학습하는
   방법이 잡혀 있지 않음

☑ 기초적인 수학 지식 없음

하지만 잠 좀 줄이고, 밀도 있게 집중하니 나에게 더 많은 시간이 주어졌다. 경기도와 서울을 잇는 빨간 버스를 타고 이동하는 시간이 꽤 길었는데, 그 시간이 아까웠던 난, 나중에는 노트북을 열고, 그날 풀지 못했던 알고리즘 문제를 풀었다. 몰두했던 그 시간, 매 순간을 소중하게 사용하고, 치열하게 하루하루를 보냈던 그 당시의 늦은 밤 버스를 기다리던 정류장의 그 공기가 지금도 생생하게 기억난다.

그렇게 하루하루 보내다 보니 조금은 시간의 격차를 줄여 나갈 수 있게 되었다. 절박함으로 시작한 시간 관리를 하며 주변을 바라보니 우리 대부분이 꽤 많은 시간을 허투루 보내고 있다는 생각이 들었다. 잠시 보는 핸드폰, 친구와의 통화, 인터넷 검색, 자기 전에 핸드폰을 만지작거리며 보내는 시간들. 하지만 시간을 제대로 쓰니, 시간은 생각보다 부족하지 않았다. 나는 그렇게 시간을 효율적으로 사용하는 법을 배워 나갔다. 그리고 나는 지금까지도 시간이 없다는 말을 하는 일이 거의 없다. 시간은 내가 어떻게 사용하느냐에 따라 천지차이다. 불필요한 시간을 줄이면 우리는 시간을 만들어낼 수 있다.

해야 할 것을 하라:
자기 규율(Self-discipline)

지금까지 취업을 하고, 이직을 하며 경험한 것들을 돌아보면 모든 불안, 욕심, 긴장은 대부분 시간의 부족에서 시작되는 것 같다. 그 긴장이라는 것도 자신이 현재 준비되어 있는 상태보다 더 잘하고 싶은 마음, 더 나은 것을 기대하는 마음에서 나오는 것 같은데, 이러한 것들은 자신이 가지고 있는 목표에 대해 지금 해야 할 것들을 하는 데서 대부분 해결되는 것 같다. 그것이 지금 이 순간 내가 그것에 대해 할 수 있는 최선의 것이기도 하니까 말이다. 목표를 세우고, 자신이 그것에 대해서 해야 하고, 할 수 있는 것을 매일의 삶에서 자기규율(Self-discipline)을 통해 실행할 때 우리의 불안은 조금씩 사라진다. 그런 마음 상태가 되면 더 나아진 상태에서 어제보다 더 나은 베스트를 발휘할 수 있게 되고, 더 발전된 버전의 나는 같은 문제를 더 빠르게 해결할 수 있게 된다. 같은 문제를 이전보다 더 빠르게 해결함으로써 시간 또한 더 많아지게 되고, 그 상대적 여유를 통해 한 번 더 나를 방해하던 불필요한 그 불안으로부터 멀어지게 된다. 이로 인해 또 한 번 앞서 말한 더 나은 상태가 되고, 그것은 다시 더 나은 베스트를 발휘하는 결과로 이어진다. '자기 규율을 통한 해야 할 것을 함'에서 더 나은 상태와 더 많은 시간을 만들어내는 강력한 선순환이 시작되는 것이다. 연기를 할 당시 오디션을 준비할 때도 그랬고, 모든 게 그랬다.

만약 당신이 지금 자신이 원하는 것의 결과에 대해 불안감을 느낀다면 지금 해야 할 것을 하고 있는지에 대한 질문부터 던져보자. 대부분의 경우 원하는 것은 있는데 실행은 안 하며 흔히 말하는 딴짓으로 시간을 보내고 있는 자신을 발견하게 될 것이다. 그렇게 난, 내가 해야 할 것을 하며 나의 모든 시간을 채워나갔다. 그렇게 하니 아무것도 보이지 않던 어둠 속에서 처음엔 뒷모습조차 보이지 않던 다른 사람들의 뒷모습이 조금씩 보이기 시작하였다. 그리고 무엇보다도 조금씩 할 줄 알게 되니 조금씩 재미가 붙기 시작하였다.

1 처음엔 다 어렵다. 그게 자연스러운거다. 자신의 부족함을 인정하고, 현실을 마주하라.

2 시간은 처음에는 모두에게 똑같이 주어진다. 하지만 대부분의 사람들은 미디어에 노출되고, 범람하는 정보의 홍수 등 외부의 방해자로부터 자신의 시간을 잃는다. 시간은 어떻게 사용하느냐에 따라 완전히 다른 양이 된다. 불필요한 시간들을 제거하면 우리는 시간을 만들어낼 수 있게 된다.

3 불안과 불만족의 악순환은 해야 할 일을 하지 않는 데서 시작된다. 자기 규율(Self-discipline)을 통해 당신이 해야 할 일을 하라. 그렇게 하면('Do') 생각보다 쉽게 불안에서 더 나은 결과와 더 많은 시간을 만들어내는 강력한 선순환 속에 있는 자신을 발견하게 될 것이다.

운동의 힘

"신이 우리에게 준, 성공에 필요한 두 가지 도구는 교육과 운동이다. 하나는 영혼을 위한 것이고, 다른 하나는 신체를 위한 것이다. 하지만 둘은 결코 분리될 수 없다. 둘을 함께 추구해야만 완벽함에 이를 수 있다."

— 플라톤

불안과 공포를 이겨내는 데 강력한 또 한 가지는 바로

운동이다. 눈치가 빠른 독자들은 아마 알아차렸을 것이다. 지금까지의 이야기에서 내가 절망의 상황들을 벗어날 때마다 항상 몸을 움직였다는 사실을. 내 안에 어두운 기운들을 몰아내야 했을 때, 나는 지리산을 가기도 했고, 빌딩 숲을 혼자 걷기도, 뛰기도 했다. 뒤에서 좀 더 종합적으로 다루겠지만 긍정의 스위치를 켜는 것은(Turn On Positive) 결국 우리가 구체적인 실천 방법을 통해 긍정의 스위치가 켜진, 최대의 능력을 발휘할 수 있는 그 '상태'에 도달하는 것에 관한 것이다. 그것을 위해 가장 단순하고, 즉각적인 첫 번째 방법을 묻는다면 나는 운동이라고 답할 것이다.

지금 당신의 마음이 답답하거나 약간 우울하다면 이어폰을 끼고 좋아하는 음악을 들으며 밖으로 나가 공원을 30분 동안만 걸어보라. 나는 확신한다. 당신의 상태는 100% 나아질 것이다. 시간 또는 상황상 당장 걷는 것이 어려운 상태라면 호흡으로도 그것을 대신할 수 있다. 운동을 통해 상태가 이렇게 쉽게 변하는 이유는 우리의 뇌가 우리의 움직임과 변화된 템포에 즉각적으로 반응하기 때문이다.

뇌(시스템 통제자)와 혈액 순환

건강의 핵심은 일단, 혈액 순환이 잘되어야 한다. 뇌를 비롯한 어떤 장기도 혈액 공급이 몇 분만 안 되어도 그 기능을 상실한다. 유산소 운동을 하면 심장 박동 수가 높아지며 뇌와 온몸의 근육으로 보다 많은 혈액과 산소가 운반된다. 우리가 섭취하는 산소와 영양분은 모두 혈액을 통해 모든 장기와 세포에 공급되며 또 혈액을 통해 배출된다. 특히 뇌는 우리 몸의 모든 것을 통제한다. 뇌 속의 10억 개의 세포들은 피속에 있는 약 20퍼센트에 해당되는 산소와 영양분을 사용한다. 크기의 비율로 따지면 압도적으로 많은 양이다. 그래서 운동을 하면 기억나지 않던 것이 쉽게 기억나기도 하고, 갑자기 번뜩이는 아이디어가 떠오르기도 하는 것이다. 혈액이 보다 원활하게 공급되어 뇌가 더 효율적으로 동작하기 때문이다. 뇌는 우리 몸의 움직임과 행동을 관장하고 신체의 항상성을 유지시키며 인지, 감정, 기억, 학습 기능을 담당한다. 운동과 뇌 건강에 관련된 많은 연구들이 계속 진행되고 있는데 운동이 뇌와 정신 건강에 직접적으로 영향을 끼친다는 연구 결과들은 이미 수없이 많다. 몇 가지 중요한 내용들을 같이 살펴보자.

- 수천, 수만 년 동안 인간은 움직여야 살아남을 수 있었다. 폭풍우와 맹수 등 작은 소리에도 위험을 감지하며 쉬지 않고 움직여야 생존할 수 있었다. 인간의 뇌는 움직임에 최적화되면서 진화해왔다.

- 인간 생리학은 매일 상당한 수준의 유산소 활동을 하는 맥락에서 진화했고 따라서 건강을 유지하기 위해 운동을 해야 하는 건 진화가 우리에게 남긴 유산이다.

- 운동은 여러 기억 중에서도 특정 기억의 향상과 더 밀접하게 연관되는 것으로 보인다. 꾸준한 유산소 운동은 전두엽 및 측두엽에 의해 조절되는 기억의 증가와 연관되어 있으며, 실제로 운동에 의한 뇌 부피 증가가 해마 등에서 두드러지게 나타난다.

- 해마는 기억과 학습을 관장하는데, 단기 기억이나 감정이 아닌 서술 기억을 처리하는 장소다. 주로 좌측 해마는 최근의 일을 기억하고, 우측 해마는 태어난 이후의 모든 일을 기억한다. 새로운 사실을 학습하는 데 해마가 손상되면 새로운 정보를 기억할 수 없게 된다.

- 운동은 해마의 새로운 세포 생성을 돕고, 해마를 건강하게 유지하기 때문에 기억력을 향상시킨다.

- 뇌는 새로운 자극을 좋아한다. 새로운 자극을 만나면 그런 자극들에 대응하면서 신경세포의 새로운 연결이 만들어지며 뇌는 발달하게 되는데 움직이지 않는 것은 이런 반응이 상대적으로 적다는 말이다. 책상에 앉아 일하고 연구하는 것보다 다양한 활동을 통해 새로운 체험을 하는 것이 뇌의 발달에 훨씬 좋다는 것이다.

- 운동을 하면 기본적으로 뇌신경 뇌유래신경영양인자 (Brainderived neurotrophic factor, BDNF)를 활성화시킨다. 이는 신경세포가 잘 자랄 수 있도록 도와주는 촉진제라고 생각하면 되는데 신경세포들 사이의 시냅스 근처에 있다가 혈액 순환이 빨라지면 방출하게 된다. 뇌신경이 발달하고 건강하게 됨으로써 학습과 인지적 능력도 더 큰 효과를 발휘한다.

- BDNF와 우울증, 조현병, 강박장애, 치매, 알츠하이머, 신경성 식욕부진증, 폭식증, 뇌전증과의 연계성이 존재한다는 연구 결과들이 다수 발표되었다.

이러한 정보를 접하고 난 뒤, 난 현재 4년째 주 7회 운동을 하고 있다. 주 7회라고 거창한 것은 아니나. 하루도 빠지지 않고, 최소한 30분 이상을 보통 또는 약간 빠른 속도로 걸으면 그걸로 충분하다. 축구를 그만둔 이후 지속적인 폭식으로 체중이 18kg 이상 찐 적도 있었다. 숨 쉬는 게 불편했고, 몸이 무거웠다. 심장도 쥐어짜는 듯이 아플 때가 종종 있었다. 핸드폰이 조금만 느려도 민감하게 반응하면서 정작 자신의 모든 의지를 수행하는 몸이 원활하게 동작하지 않는 데에는 신경 쓰지 않는다면 그건 정말 미련한 짓일 것이다.

그렇게 몸의 제 기능, 건강에 필수적인 운동의 중요성을 알게 된 이상 당연히 해야 한다고 생각했고, 또 내가 원하는 것을 위해 나의 최대 능력을 발휘하고 싶었다. 그리고 나의 최대 능력을 발휘하기 위해 자연스럽게 나의 몸을, 나의 뇌를 건강히, 최고의 컨디션에 있게 하고 싶었다. 이렇게 운동을 해야 하는 이유가 분명해졌고, 이제는 일상의 필수 요소가 되어버렸다.

현재 나의 체중은 정상으로 돌아왔고, 몸 상태는 만족할 만큼 좋다. 앞서 말했듯이 시간이 없다는 건 이유가 되지 않는다. 첫째로 운동은 당신의 뇌와 몸의 건강을 위한 것이고, 당신이 무엇을 원하든 당신의 뇌와 몸의 건강은 항상 당신의 우선순위에 있어야 한다. 우리는 우리 몸을 통해 이 세상을 감각하며 살아간다. 건강을 잃으면 당신은 없고, 당신이 없으면 모든 것은 당신에게서 의미를 잃는다. 또한 우리의 모든 것을 관장하는 뇌를 제대로 사용하지 않으면 우리는 우리의 최대 능력을 사용하지 않고 있는 것이며 그것은 우리의 모든 능력과 시간을 우리의 목적에 대해 가장 효율적으로 쓰고 있지 않고 있다는 말이 된다. 둘째, 시간은 어떻게 사용하느냐의 문제다. 쓸데없는 것들을 줄여 시간을 만들 수도 있고, 운동을 하면서 동시에 자신이 해야 하는 무언가를 얼마든지 할 수 있다. 나는 매일 40분씩 실내에서 사이클을 타며 유산소 운동을 하는데, 그 시간 동안 책을 읽는다. 각자가 자신에게 맞는 방법이 있을 것이다. 이렇게 운동을 꾸준히 하면 혈관도 깨끗하게 청소가 되어 각종 혈관 질병도 예방할 수 있고, 몸이 원활히 제 기능을 하게 되어 몸과 마음이 맑아지고, 기분이 좋아진다.

우울증 쓸어내기

유산소 운동이 우울증 증상 완화와 방지에 도움을 주는 것은 이미 많은 연구 결과를 통해 입증되었다. 30분 이상의 유산소 운동을 하면 우울 증상이 감소하고 우울증 치료 효과가 나타난다. 우울증이 좀 거창하게 들린다면 가끔 우리가 마주하는 의욕 저하, 무기력증과 같은 도통 어디서 시작되었는지 모르겠는 그 불쾌한 기분, 그 다운되는 순간들을 떠올려보자. 부정적이고, 날카로운 상태가 되어 이전과 다르게 모든 것들이 성가신 것으로 보이기도 하고, 불쾌하기도 한 그런 때 말이다. 그렇게 시작된 부정적인 감정이 꼬리에 꼬리를 물고 커지면 어쩔 때는 모든 게 다 안 될 것만 같은 커다란 부정적 상태에 빠지게 되기도 한다.

누구나 이런 기분을 느낄 수 있다. 그리고 이러한 늪에도 운동은 최고의 치유책이 된다. 주당 최소 2~3회의 운동을 하면 운동을 전혀 하지 않은 사람에 비해 우울증을 겪지 않을 가능성이 최대 3배 이상 높은 것으로 나타났다. 호르몬을 '우리 몸의 숨은 지배자'라고 부른다. 우리는 호르몬에서 자유로울 수 없고, 유산소 운동은 도파민과 세로토닌의 활성도를 높여줘 우울증 증상 완화에 도움을 주기 때문에 우리의 기분이 나아지는 것이다. 이미 운동이 항우울제보다 더 효과적이라는 사실이 이미 많은 연구 결과와 논문을 통해 발표되었다. 운동을 통해 우리의 내부는 원활히 순환하고, 우리의 몸은 활

기를 띠게 된다. 자연히 우리의 기분과 상태는 더 좋아지게
된다.

자신감

건강에 필수인 운동을 습관화하기 시작하면 뇌와 몸의
각 기능들이 최적화되어 우리의 몸은 가벼워지고, 머리는 맑
아진다. 우리의 외적인 모습과 내면의 감정에 일어나는 변화
도 한번 살펴보자. 당신도 한 번쯤은 들어보았을 것이다. '최
고의 성형은 다이어트'라는 말을. 우리는 생각보다 즉각적이
고, 본능적으로 상대의 인상에 반응한다. 심지어 자기 자신에
대해서도 그렇다. 운동을 하면 자연히 살도 빠지게 되고(물론
운동한 만큼 배로 더 먹지 않는다면 말이다), 거울에 비친 내 모습
은 점점 활기를 띠게 된다. 한번 생각해보라. 설레는 듯 생기
있는 얼굴로 친절하게 맞이하는 식당과 무표정과 무관심으로
손님을 맞이하는 식당이 있다면 당신은 어느 곳에 가겠는가?
그만큼 우리는 활기차고, 밝은 것에 긍정적으로 반응하게 되
어 있다. 운동을 하면 몸의 순환이 잘되어 자연스럽게 활력이

올라가고, 자연히 살도 빠지게 되면서 더욱 밝고, 날렵하고, 멋진 자신의 모습을 거울을 통해 발견하게 된다. 어제보다 활력 있는 오늘의 당신의 모습은 자신감을 상승시켜주고, 자신감은 당신이 마주하는 모든 일에 있어 가장 강력한 지원군이 되어 준다. 당신은 더욱 가슴을 활짝 펴고 당당한 자세를 갖게 되고, 그러한 자세는 당신의 자신감을 또 상승시켜준다. 할 수 있을 것 같은 마음, 그 자신감, 스스로에 대한 믿음이 당신을 더욱 적극적으로 만들어주고, 적극적인 자세는 당신의 태도와 일이 이루어지게 하는 데 있어 매우 중요한 요소다. 이것은 또 하나의 선순환을 만들게 된다. 성형으로도 손댈 수 없는 인상에서 가장 중요한 목소리와 눈빛 또한 맑아지고, 깊어진다.

호흡

앞에서 내가 운동을 못 하는 경우에는 호흡(Deep Breathing)으로 대신한다고 했었는데 내가 하는 심호흡법은 1-4-2 호흡법이다. 뇌의 사용은 곧 뇌의 에너지 소비량과 관련이 있고, 산소 소비량은 곧 에너지 소비량으로 봐도 무방하다. 그래서 호흡이 중요한 것이다. 아래의 기준이 되는 첫 번째 3초는 자신에게 맞게 조정하면 되고, 나머지 숫자들은 해당 기준의 배수에 맞춰 세팅하면 된다.

- 3초(1배) 동안 숨을 들이쉰다.
- 12초(4배) 동안 숨을 붙잡는다.
- 6초(2배) 동안 내뱉는다.

난 이것을 자기 전 차분한 음악을 들으며 10세트 하고, 그 외에는 필요할 때마다 수시로 하는데, 개인적으로는 머리가 맑아지고, 차분해지는 느낌이 든다. 개인적인 경험을 조금 더 나눠보면 호흡을 깊게 들이마시면('in'hale) 좋은 생각들이 '들어'오고, 호흡을 멈추고 있을 때(hold)는 생각도 멈춘다. 그리고 깊게 내쉬면('ex'hale) 모든 불필요한 것들, 복잡한 것들이 '나가고' 편안해지며 마음이 정리, 정화되는 느낌이 든다. 이 호흡을 시작하고, 나는 더욱 편안히, 깊게 숙면을 취하고 있다. 잠자는 시간 외에도 뭔가 업무나 여러 가지 상황에 의해 내가 나 자신의 리듬을 통제하지 못하고 정신없이 끌려가고 있는 것 같다는 생각이 들 때면 이 호흡법을 통해 나의 리듬을 찾는다. 나의 경험으로 봤을 때, 호흡을 통해 우리는 마음의 리듬을 확실하게 통제할 수 있다. 한번 시도해보라. 호흡의 엄청난 힘을 바로 경험할 수 있을 것이다.

근력 운동

나는 유산소 운동과 더불어 근력 운동도 꾸준히 하고 있는데, 근력 운동은 몸 전체의 기능 향상과 더불어 성취감과 동기 부여라는 측면에서 많은 이점을 가지고 있다. 대부분의 근력 운동은 결국 반복을 통해 수행하게 되는데 처음에는 아득히 멀게만 보였던 목표도 꾸준한 반복을 통해 익숙해지면 대부분은 결국 쉬운 영역의 것이 된다. 이 과정은 우리의 일이나 삶의 모든 영역에서의 성장과 성취의 과정과 매우 닮아 있다. 꾸준하 반복과 노력을 통해 몸은 변화하게 되고 이를 통해 우리는 자신의 노력에 대한 정직한 보상과 결과를 경험하게 된다. 이러한 정직한 변화와 성취의 과정은 우리에게 노력과 성취, 그 태도 자체에 대한 강력한 동기를 부여하게 된다. 더욱 강력한 성장 마인드셋을 갖게 되는 것이다. 또한 나의 복합적인 신체 상태(호흡, 자세, 속도 등)를 다양한 챌린지를 통해 자극하며 원하는 방식으로 컨트롤하고, 원하는 방향으로 향상시키는 과정이 신경 회로 활성화, 감각, 인지 기능 향상 등 뇌 기능을 직접적으로 향상시켜준다. 그리고 인간은 기본적으로 나이가 들수록 기초대사량이 떨어지는데 근육량 증가를 통해 에너지 소비를 증가시켜 기초대사량을 유지/향상시키고자 하는 목적도 있다. 나이가 들어서도 쉽게 살이 찌지 않게 하기 위한 준비라고 할 수 있다. 뼈에 스트레스를 줌으로써 골밀도 또한 높아져서 골다공증 예방에 도움을 주기도 한다. 결과적으로 아주 간단하게는 몸이 탄력 있고, 강해질수록 정신도 맑아지고, 강해지는 느낌이 들어서 좋다.

우리는 우리의 모든 가능성을 발휘할 최고의 상태를 향해 가고 있다. 우리의 최고 상태를 만드는 데에 있어 운동은 정말 중요한 요소다. 쉽게 말해서 몸이 최적화되고, 활기를 띠면, 정신과 마음도, 최적화되고 더욱 활기를 띤다고 이해하면 그 중요성이 쉽게 와닿을 것이라고 생각한다. 조금이라도 우울하거나, 답답할 때, 뭔가가 잘 안 풀릴 때는 일단 운동부터 습관화해보자. 많은 것들이 해결될 것이다. 긴 관점에서 자신에게 맞는 방식과 강도로 부담 없이 시작하는 것이 중요하다. 인생에서 운동은 선택이 아닌 필수다. 매일 컴퓨터 앞에 앉아 방에서 웅크리고 있었다면, 오늘 당장 나가서 음악을 들으며 걸어보자.

1 일단 혈액 순환이 잘되어야 한다. 몸의 기능 및 뇌 활동의 정상화, 최적화가 중요하다. 우리 몸의 슈퍼컴퓨터인 뇌와 모든 행동을 수행하는 몸을 제대로 사용하자. 일단 하루 30분 유산소를 생활화하자. 혈관이 건강해지고, 뇌 기능이 정상화된다.

2 유산소 운동은 도파민과 세로토닌의 활성도를 높여줘 우울증 증상 완화에 도움을 준다. 운동은 최고의 항우울제다.

3 운동으로 생긴 활력과 생기, 더 나은 우리의 모습은 우리에게 할 수 있다는 마음, 적극성과 자신감을 심어준다.

4 호흡을 통해 주체적으로 리듬을 통제하고, 편안한 상태를 만들 수 있다.

5 근력 운동을 통해 감각과 뇌의 다양한 기능들을 더욱 자극하고 향상시킬 수 있다. 또한 꾸준한 노력과 정직한 보상에 대한 성취의 경험을 통해 더욱 강력한 성장 마인드셋을 가질 수 있다.

나의 아침 1시간 홈 트레이닝 루틴

5일 웨이트, 7일 유산소

호흡, 준비 운동, 무게 적당히, 자세, 속도, 자극, 느낌에 집중

일	풀업, 플랭크 1분 – 로테이션 x 5
	암풀다운, 복근 – 로테이션 x 4
	스쿼트, 레그컬 – 로테이션 x 3
	독서 자전거 40분
월	팔굽혀펴기, 플랭크 1분 – 로테이션 x 5
	스쿼트, 복근 – 로테이션 x 3
	레그컬 x 3
	독서 자전거 40분
화	어깨 프론트, 플랭크 1분 – 로테이션 x 4
	어깨 덤벨 프레스, 복근 – 로테이션 x 5
	사이드 레이즈, 백 레이즈 – 로테이션 x 4
	스쿼트, 레그컬 – 로테이션 x 3
	독서 자전거 40분
수	플랭크 2분 30초
	복근
	스쿼트
	레그컬

	독서 자전거 40분
목	풀업, 플랭크 1분 – 로테이션 x 4
	암풀다운, 복근 – 로테이션 x 3
	스쿼트, 레그컬 – 로테이션 x 3
	독서 자전거 40분
금	팔굽혀펴기, 플랭크 1분 – 로테이션 x 4
	어깨 덤벨 프레스, 복근 – 로테이션 x 4
	스쿼트, 레그컬 x 3
	독서 자전거 40분
토	플랭크 2분 30초
	복근
	스쿼트
	레그컬
	독서 자전거 40분

독서의 힘

　독서, 책 읽기는 많은 이들에게 약간은 불편한 혹은 피곤한 느낌으로 다가오는 단어다. 나 또한 책 읽는 것이 너무 힘들었던 사람이다. 서른 살까지는 책을 한 권 다 읽는데 한 달은 걸렸던 것 같다. 일단 한 번에 길게 읽는 것이 너무 졸리고, 힘들었고, 문장 하나 문단 하나 이해하기가 자연스럽지 않았다. 그래서 배우를 할 때도, 대본을 읽는 데에 상대적으로 긴 시간이 필요했다. 외우는 것에선 크게 어려움을 느끼지 않았지만 무슨 뜻인지 맥락이 이해가 안 되는 때가 꽤나 많았다. 성격상 이해가 되지 않으면 해당 부분에서 넘어가지 못하고, 이해가 될 때까지 읽고 또 읽었다. 나는 내가 선천적으로 글을 이해하는 능력이 남들에 비해 부족하고, 느린 건가라는 생각도 했다. 배우 톰 크루즈가 난독증이라는 기사를 접하고는 '그래, 이해력이 좀 부족해도, 더 많은 시간을 들이고 방법을 찾아내면, 연기하는 데 문제는 없는 거야. 사람들과 의사소통하는 데도 전혀 문제 없으니까'라는 생각도 했다. 그래서 뭔가 책을 술술 읽어내려가는 사람들, 즐겁게 책을 읽는 사람들을 부러워하기도 했다. 그런데 돌아보면 그냥 많이 안 읽어봐서 그랬던 것이었다. 앞서 '마주하는 것의 힘'에서 의석이가 내게 다시 해볼 힘을 줬던 말 '원래 처음엔 다 익숙하지 않고, 어렵다'의 영역에 있었던 것이다. 지속적으로 독서를 해나가면서 모르던 단어들을 하나하나 알아가며 어휘력을 확장시켜가게 되었고, 그렇게 계속 보다 보니 문장, 맥락들이 자연스럽게 이해되었다. 이후에는 혹 모르는 단어가 나와도 문맥 속에서 자연스럽게 유추하며, 쉽게 읽어 내려가게 되었다. 물론 어려운 책들도 있지만 지금은 대부분의 책을 읽는데 있어 큰 어려움을 겪지 않는다. 2023년 한 해 동안 나는 약 50권의 책을 읽었다. 새벽에 일어나 사이클을 타며 40분, 운동을 마치고 책상에 앉아 또 한 번 30분 이렇게 꾸준히 하루에 1시간 이상 책을 읽으니 자연스럽게 이 정도의 양을 읽을 수 있었다. 책을 읽는 속도도 점점 빨라져 매년 한 해 동안 읽은 책의 양은 더 많아지고 있다.

독서를 시작하게 된 계기는 연기를 할 때부터였다. 오디션을 보러 가면 당일 대본을 받는 경우가 종종 있었는데 주어진 시간이 짧아서 내용을 빨리 파악하는 것이 중요했다. 그 전에는 보통 아는 대본들을 가지고 수업이나 연습을 하다 보니 시간이 충분해서 그냥 조금 느린가보다 생각했었는데, 오디션을 본격적으로 시작하면서 당일 대본 파악이 늦어 이 상태로는 안 되겠다 싶어 많은 양의 새로운 대본과 책을 읽기 시작했다. 그냥 하루에 한 시간씩 소리 내어 읽었다. 처음엔 한 시간 동안 내가 뭘 읽었는지도 모르겠더니, 시간이 지날수록 읽었던 내용에 멈춰 있거나 다시 봐야 하는 경우가 점점 줄어들었다. 그렇게 한 달, 두 달, 여섯 달을 읽으니 책이 조금씩 수월하게 읽히기 시작했다.

이제는 나에게 완전한 습관으로 자리 잡은 독서는 나에

게 나 자신에 대한 이해, 다양한 지식, 다양한 관점에서 상황을 바라보는 능력을 더해 주었고, 내가 어떤 문제들을 만나고 극복해 나가야 할 때마다 많은 돌파구를 만들어주었다. 지금은 여행을 가도 매일 아침 책을 읽는 시간을 확보할 만큼 나의 생명줄과 같은 습관으로서 독서를 계속 이어나가고 있다. 무엇보다도 이제는 독서를 하면 마음이 편안해진다. 조금 더 구체적으로, 무엇 때문에 독서가 나에게 이렇게 중요한 것이 되었을까?

문제 해결: 성장의 통로

우리는 대부분 각자의 꿈과 목표를 가지고 지금 자신이 속해 있는 곳에서 적응을 위해, 혹은 다음 단계로의 성장을 위해 노력하고 있다. 일반적으로 모든 것이 충족되어 아무것도 하지 않아도 되는 의미로서의 자유라는 것은 소수에게만 주어지는 것이니까 말이다. 물론, 그게 우리가 속해 있는 사회의 동력 자체이기도 하다. 그런데 매일 마주하는 같은 사람들, 같은 환경에서는 성장의 다음 단계의 모습을 마주하는 것이 쉽지만은 않다. 우리는 막연하게 자신이 바라는 그 무엇을 생각하고, '그 위치에 있는 사람들을 만나 어떤 조언이나 답을 들을 수 있다면 좋겠다', '그 사람들은 나에게 답을 알려줄 수 있지 않을까?'라고 생각할 뿐이다. 그리고 다시 하루를 맞이하고 똑같은 일상을 반복한다. 단언컨대, 대부분은 책에서 답을 얻을 수 있다. 당신이 지금 막연하게 동경하는 사람들 혹은 그 사람들보다 해당 분야에서 더 많은 경험을 축적하고, 더 많은 것을 이루어낸 수많은 세계의 성공한 현인들이 이미 자신의 경험을 잘 정리하여 책을 통해 당신을 기다리고 있다. 시간과 공간이라는 모든 제약을 초월해서 말이다. 그들과 함께 대화한다고 상상해보라. 정말 설레는 일 아닌가? 관심을 갖지 않아서 그렇지 찾으려고만 한다면 당신의 궁금증, 고민과 문제 해결에 바로 도움을 줄 수 있는 많은 책들을 바로 접할 수 있을 것이다. 그리고 그 책들을 통해 그들은 당신이 지금 갇혀 있는 문제의 틀을 넘어 새로운 시각까지 당신에게 제공할 것이다. 그를 통해 우리는 매일의 삶에서 반복하던 사고와 행동의 틀을 깨고, 더 크게 확장하고 성장할 수 있게 된다.

공감: 위로와 영혼의 터치

힘든 상황에 빠져 있을 때, 우리가 자신의 부정적 상황과 감정의 늪에 빠져 들게 되면 그 안에서 우리는 문제를 확대하고, 끙끙 앓으며, 힘든 고통의 시간을 보내게 되곤 한다. 그러던 중 우연히 친구의 비슷한 과거의 경험을 듣게 되거나, 드라마에서 나와 비슷한 일을 겪고 그 시간들을 극복해내는 인물들을 발견하게 되면 우리는 '나만 이 고통을 느끼고 있는 게 아니구나' 하고 위로를 얻게 된다. 책을 통해 우리는 세계의 위대한 인물들, 많은 역경을 이겨내고 무언가를 이루어낸 인물들의 시간을 직접 만날 수 있다. 아주 자세한 그들의 시련과 극복의 순간들을 말이다. 그리고 그것은 나의 지금의 실패와 시련에 대한 강력한 위로가 되어 준다. 그 공감을 통해 우리는 동질감을 느끼게 되고, 현재 자신이 처한 상황을 이겨나갈 강력한 힘과 구체적 방법에 대한 지식을 얻게 된다. '그래, 나도 할 수 있어'라는 영혼의 터치를 얻게 되는 것이다. 그것은 우리를 전환시켜주는 힘의 시작이 된다. 빠른 회복 탄력성(Resilience)의 원천이 되는 것이다.

왜 책이어야 하는가? 유튜브도 충분하지 않은가?

- 알다시피 우리는 정보의 홍수 속에 살고 있다. 유튜브 (모든 영상 콘텐츠 플랫폼을 대표해서 지칭)를 올리는 것은 비교적 간단하다. 물론 그러한 상대적으로 쉬운 접근성에서 나올 수 있는 좋은 점들도 많지만 그 말인즉슨, 아무런 검증 절차를 거치지 않은 어떠한 정보도 올라올 수 있다는 말이 된다. 반대로 책, 출판이라는 것은 영상 업로드보다 더 많은 사람들의 검증 과정과 시간, 노력을 필요로 한다. 영상에 조회수라는 필터링이 있다는 걸 감안하더라도 책으로 만들어지는 과정이 분명히 더 많은 필터링을 요한다. 더 많은 필터링을 요한다는 말은 그곳에 더 많은 양질의 결과들이 있을 가능성이 상대적으로 높다는 말이 된다.
- 영상들은 보통 요약된 내용을 간편하고, 빠르게 전달하는 경우가 많다. 물론 상황에 맞게 그 특성 또한 잘 활용할 수 있지만 요약본만으로는 목적의 완전한 전달을 충족시키는 것은 쉽지 않다.
- 진정한 습득, 학습의 측면에서 생각해봤을 때도 그렇

다. 영상은 켜 놓으면 플레이되지만, 글은 내가 보고 읽어야 이야기가 전개된다. 읽는다는 것은 우리의 주체적인 의지, 적극적인 참여가 더 필요한 영역이고, 이것은 우리가 정보를 더 깊이 있게 받아들이는 데 도움을 준다. 편하게 얻어지는 것은 쉽게 잊히곤 한다는 사실을 기억하자. 이런 학습의 과정은 우리를 진짜 사고하고, 생각하게 한다.

- 나아가 자신의 독서 리듬에 방해가 되지 않는다면 독서를 하며 메모와 글쓰기를 병행해보는 것도 추천한다. 한 단계 더 적극적인 참여를 통해 더 많은 습득에 도움을 주고, 자신의 생각을 체계적으로 정리하는 데에도 도움을 준다.

- 단순히 보여지는 영상을 받아들이는 것이 아닌 텍스트는 우리의 시각적 상상력을 자극한다.

- 독서는 후두엽, 측두엽, 전두엽, 두정엽 등 뇌의 전체적인 영역을 활동시킨다.

- 이런 이유로 우리는 가장 강력한 통제자인 뇌의 더 많은 부분을 사용하고, 훈련시키게 된다.

- 종이로 된 책을 읽는다는 것은 원하지 않는 알림이나

불필요한 정보에 대한 노출로부터 우리를 한걸음 떨어트려 놓아준다.

아주 빠르게, 큰 깊이를 요하지 않고 전체 맥락을 알아보고 싶은 단계에서 나는 유튜브 2배속도 잘 사용한다. 잘 찾아보면 좋은 퀄리티의 영상 또한 굉장히 많이 존재한다. 그래서 깊이 있게 들어가기 전 개요를 파악하거나 간단한 정보를 확인하는 용도에는 유튜브를 아주 유용하게 사용한다. 그리고 접근성이 워낙 좋지 않은가. 각각의 상황에 맞게 유연성을 발휘하여 사용 가능한 것들을 잘 활용하면 된다.

사고의 확장, 타인에 대한 이해

당신의 세상은 당신이 바라보는 만큼, 감각하는 만큼만 존재할 뿐이다. 우리의 사고가 확장되면 세상은 그만큼 커지고 자연스럽게 더 많은 선택지를 통해 더 나은 의사 결정을 내릴 수 있게 된다. 책을 읽으면 사고가 확장된다. 책을 읽을 때 우리는 직접적으로 더 많은 사람들의 시각으로 다양한 문제들을 바라보게 된다. 그렇게 사고가 확장되면 같은 사물과 사건들도 이전과는 또 다른 시각으로 바라볼 수 있게 되고, 세상을 바라보고 이해하는 방식이 확장된다. 자연히 타인을 이해하는 폭도 넓어지게 되고, 공감 능력 또한 높아지게 된다. 인간은 사회적 동물이다. 우리는 타인들과 함께 살아가고 있고, 이러한 공감 능력은 우리에게 많은 이점을 가져다준다.

메타인지

독서는 우리 스스로를 좀 더 객관적으로 바라볼 수 있게 도와준다. 독서를 통해 사회와 타인에 대한 다각적이고, 깊이 있는 이해를 하게 되면서 우리는 자신을 좀 더 객관화해서 바라볼 수 있게 된다. 앞서 말했듯 인간은 사회적 동물이다. 그렇기에 전체와 그 전체와 나와의 관계를 바라보고, 파악하는 것은 우리의 생존과 행복에 있어 상당히 중요한 부분이다. 그러한 큰 그림에서 현재의 나의 상태, 스스로를 돌아볼 수 있는 시각은 우리 삶의 포지션과 우리가 나아가고 있는 삶의 방향을 지속적으로 최적화시키고, 개선할 수 있도록 도와준다. 메타인지를 통해 우리는 '나는 지금 왜 이런 감정을 느끼고, 이런 행동과 노력을 하고 있는지', '나는 어디를 향해 가고 있는지', '내가 가고 있는 이 방향이 내가 원하는 방향이 맞는지'와 같은 질문을 던지게 되고, 나 자신과 내가 처한 상황을 더 근본적으로 바라보게 된다. 그것은 우리에게 지금 필요한 변화와 성장에 대한 더 나은 방향 설정과 강력한 동력을 제공한다.

지속적 컨디셔닝

책을 읽는다는 것은 또 하나의 강력한 컨디셔닝이 된다. 컨디셔닝이란 다르게 표현하면 '환경 만들기'이다. 이 목적 하나만으로도 나는 책을 읽을 이유가 충분하다고 생각한다. 자신이 생각하고 싶은 것, 그게 마음의 평화를 추구하는 것이든, 사랑의 감정으로 충만한 것이든, 삶의 철학에 대해 날카롭게 고민하는 것이든 혹은 성공과 승리의 성취감으로 가득 찬 상태든 그게 무엇이든 그와 관련된 책을 읽으며 우리는 계속해서 우리 자신의 마음에 그와 관련된 씨앗을 뿌리며 우리 자신을 프로그래밍하게 된다. 그것이 지속적으로 이루어질 때 그 내용들은 우리 마음속 환경으로 자리 잡게 되고, 우리의 매순간의 상태, 우리가 세상을 바라보는 시각은 그 환경에 영향을 받게 된다.

정보 해석 능력

또 아주 현실적으로 말해 업무를 포함한 우리 일상에서의 모든 커뮤니케이션의 대부분은 말과 글로 이루어진다. 독해력은 선택이 아닌 필수다. 그리고 그 독해력을 늘릴 수 있는 가장 확실한 방법은 독서다.

불가피하게 시작한 독서였지만 책을 읽음과 동시에 독서의 중요성을 자연스럽게 깨닫게 되었다. 사고가 확장되면서 알게 된 많은 이점들을 몸소 느끼며 그 명백한 사실이 자연스럽게 보이게 된 것이다. 읽는 것이 익숙하지 않을 땐, 책을 읽지 않아도 될 무수한 이유들이 떠오를 것이다. 그만큼 독서가 습관이 되기 전까지는 다른 쏟아지는 정보와 매체에 비해 우리에게 더 많은 노력을 필요로 하기 때문이다. 하지만

긍정의 스위치를 켜라

이 또한 다르게 말하면 그렇기 때문에 독서가 당신에게 무엇보다 강력한 경쟁력이 될 수 있다는 말이 된다. 앞서 함께 살펴본 강력한 이점을 가지고 있음에도 불구하고 주체할 수 없이 커져만 가는 화려한 매체의 홍수 속에서 독서를 가까이하는 것이 우리 모두에게 점점 더 어려워지고 있기 때문이다. 모든 것이 그렇듯 가치는 수요와 공급에 의해 결정된다. 독서를 통해 당신의 가치와 경쟁력은 높아질 것이다. 당신에게 흥미롭고, 부담스럽지 않은 책부터 먼저 시작해보자. 시험 때문도 아니고, 자신의 발전을 위해 당신이 자발적으로 공부할 것을 찾아서 본다는 것이 정말 멋지지 않은가? 이것이 진짜 공부 아닌가? 좋아하는 것, 쉬운 것에서부터 접근하고, 독서의 힘을 깨닫게 되면 그 이후는 책의 매력에 흠뻑 빠지게 될 것이다. 성공한 사람들의 스토리에 귀 기울여보라. 놀랍게도 거의 모든 변화는 책에서 시작되었다는 것을 발견할 수 있을 것이다. 매일 똑같이 반복되어 똑같은 결과를 만들어내던 그들 자신의 생각의 틀에서 벗어나는 변화가 책을 통해 시작되었기 때문이다. 책을 안 읽어도 좋을 여러 이유들이 생각나면 이 말을 기억하라.

"무엇이든 최소한 먼저 이해하려고 노력하고, 비판하라."

— CORE POINTS —

1 독서는 시간과 공간의 제약을 넘어 세계 최고의 전문가, 현인들과 대화할 수 있는 나의 성장을 위한 최고의 공간이다.

2 독서는 우리에게 공감과 위로를 제공한다. 그것은 우리의 역경의 시간에 우리를 일으켜 세워주고, '할 수 있다'는 긍정과 희망으로 우리를 앞으로 나아가게 한다.

3 수동적인 영상 시청보다 능동적인 독서가 우리의 뇌를 더 많이 자극한다. 우리의 뇌는 우리가 쓰는 방식에 맞춰 변화한다. 뇌의 가소성을 기억하라.

4 유튜브도 유연하게 목적에 맞게 잘 사용하면 금상첨화다.

5 독서는 다양한 시각에 대한 이해를 통해 우리의 사고를 확장시켜준다.

6 독서는 메타인지, 우리가 스스로를 객관적으로 바라볼 수 있는 시각을 제공한다.

7 독서는 우리가 지속적으로 스스로를 컨디셔닝 할 수 있도록 도와준다.

8 업무와 일상에 있어 독해력은 필수고, 독서는 독해력을 키우는 가장 확실한 방법이다.

9 독서는 당신의 가장 강력한 경쟁력 중 하나가 되어 줄 것이다. 당신의 흥미를 끄는 책, 쉬운 책부터 시작해보라.

무의식,
진짜 마음의 힘

언제인가 장주는 나비가 된 꿈을 꾸었다.

훨훨 날아다니는 나비가 된 채, 유쾌하게 즐기면서도

자기가 장주라는 것을 깨닫지 못했다.

그러나 문득 깨어나 보니 틀림없는 장주가 아닌가.

도대체 장주가 꿈에 나비가 되었을까?

아니면 나비가 꿈에 장주가 된 것일까?

긍정의 스위치를 켜라

장주와 나비에는 겉보기에 반드시 구별이 있기는 하지만
결코 절대적인 변화는 아니다.
이러한 변화를 物化(만물의 변화)라고 한다.

— 나비의 꿈, 호접지몽(胡蝶之夢), 장자

　유인력의 법칙, 끌어당김의 법칙, 무의식의 힘을 많이 들어보았을 것이다. 나는 많은 사람들이 이 엄청난 과학적 힘을 너무나도 쉽게 그저 미신과 같은 것으로 치부해버리는 것을 보았다. 앞서 말했듯 무엇이든 무시하거나 비판할 생각이 든다면 먼저 그게 무엇인지 이해하려고 노력해야 한다고 생각한다. 그래야 비판도 근거를 갖고 타당하게 할 수 있는 것이니까. 그리고 그렇게 많은 성공한 사람들이 입을 모아 얘기한다면 알기 위해 노력할 가치가 충분하다고 생각한다. 나는 이것들을 완전히 내 삶에 적용해서 살고 있다. 내가 읽은 책들은 《시크릿》, 《생각하라, 그러면 부자가 되리라》, 《맥스웰 몰츠: 성공의 법칙》 등인데 우연히 부트캠프 기초반이 끝나갈 무렵 《시크릿》을 접하게 되었다. 그리고 절박했던 나는 그 성공 법칙이라 불리는 것들을 하나하나 나의 삶에 적용해 나갔고, 내가 원하던 많은 것들이 그대로 혹은 내가 원했던 것이상으로 이루어지는 놀라운 경험을 하고 있는 중이다.

<u>무의식</u>

먼저 무의식에 대한 이해가 필요하다. 우리는 우리의 생각보다 훨씬 더 많이 무의식의 영향력 아래에서 살고 있다. 사실, 의식은 무의식에서 실제 일어난 무수히 많은 작용을 우리가 접근하고, 이해할 수 있는 수준으로 요약해서 보여줄 뿐이다. 실제 우리 뇌의 거의 대부분의 일은 무의식에서 자동적으로 처리되고 있다. 간단하게 말해 우리 인간의 본질적인 운영체제는 무의식이라는 것이다. 우리가 원하는 모든 것들, 진정한 변화는 결국 무의식을 변화시킴으로써 가능해진다. 의식적 표면만을 바꾸는 노력을 아무리 한들 더 깊은 곳인 무의식에서 변화가 일어나지 않는다면, 우리의 피상적인 일부만을 변화시킬 뿐, 진짜 변화를 만들어낼 수는 없다. 예를 들어, 어떤 사람이 막연하게 '나는 부자가 되겠어'라는 생각은 갖지만, 실제 부자에 대한 자신의 무의식, 감정은 '부자는 나쁜 사람'이라면, '나는 부자가 되겠어'라는 그 생각은 표면적인 것,

아주 작은 일부인 의식에만 해당되는 것일 뿐 실제 더 근본적인 영역인, 깊은 무의식의 영역에서는 여전히 그것과 반대되는 감정이 존재하므로 우리의 의식과 무의식 사이에 모순, 불일치가 만들어진다. 생각은 그렇게 하지만 감정은 그 생각대로 설득되지 않고, 변화되지 않은 채로 남아 있으니 행동의 변화가 어렵고, 결국 일어나지 않게 된다. 행동이 일어나지 않으니 물론 결과도 만들어지지 않는다. 무의식을 의식의 지속적인 노력을 통해 프로그래밍하면 이 모순된 불일치를 제거하고, 우리를 강력한 감정과 동기, 그에 따른 행동으로 움직일 수 있게 된다. 커플이 길을 가는데 양갈래의 길을 앞에 두고 각자의 의견만을 고집하며 합의점을 찾지 못한다면 그 여정은 그 자리에서 멈춰지거나, 그 둘은 처음에 원했던 바와는 다르게 헤어지고 각자의 길을 가게 될 것이다. 우리의 내부에서 일어나는 일도 똑같다. 우리는 원하는 것, 그 하나의 길에 완전히 집중해 의식과 무의식을 나의 목표, 그 긍정의 한 가지로 가득 채워야 한다. 힘은 단순한 것, 일관적인 것에서 나온다. 목적지에 다다를 수 있는 그 힘을 가지고 우리는 우리의 길을 향해 나아갈 수 있게 되는 것이다.

어떻게 무의식에 말을 거는가?

'결과로부터 생각하는' 상태, 결과가 이미 이루어진 그 상태와 '감사의 감정'에 집중하라. 무의식은 자동적인 것이라고 했다. 무의식을 프로그래밍하기 위해 우리는 우리의 의식을 통해 무엇을, 어떻게 할 수 있을까? 먼저 이 사실을 아는 것이 중요하다. "우리의 뇌는 우리가 실제라고 부르는 것과 머릿속에서 일어나는 것 사이의 차이를 구분하지 못한다." 우리의 뇌는 우리의 모든 기능과 상태를 관장한다. 그리고 그 상태가 감정을 만들고, 감정은 행동을 일으키며 행동은 결과를 만들어낸다. 우리가 우리의 뇌를, 우리의 무의식을 어떤 믿음으로 지속적으로 프로그래밍하면, 계속 그 구체적인 '결과'를 상상하고, 그 결과와 나를 지속적으로 커뮤니케이션하면, 그리하여 결국, 그 '결과로부터 생각하는' 상태로서 존재하게 되면 우리의 뇌는 그것을 믿게 된다. 이때, 가장 강력한 방법은 '감사'의 감정을 사용하는 것이다. 감사의 감정은 우리가 무언가를 이미 이루어진 것으로 받아들이고, 느끼는 데에 있어 강력한 힘을 발휘한다. 상상하고, 감사하며 우리의 믿음과 감정의 상태는 그에 맞게 변화하게 된다. 다시 한번, '뇌 가소성'을 기억하자. 우리의 뇌는 우리가 사용하는 대로, 우리의 생각에 맞춰 변화한다. 그 지속적 프로그래밍의 과정을 통해 우리는 우리가 원하는 결과를 얻은 상태의 감정을 느끼고, 그 상태로서 그에 맞는 의식적 사고를 하게 된다. 그 결과를 가질 수 있는 조건, 생각, 가치를 지닌 사람으로서 구조적으로 변화하는 것이다. 그 결과, 실제 세계에서도 그에 대해 부족한 것, 필요한 것이 있다면 그와 관련된 것들을 찾아 나서게 되고, 그것을 나의 것으로 만드는 노력을 실천하게 된다. 그 사람답게 변화하는 것이다. 이때, 자연스럽게 올라오는 욕구와 감정들에 귀를 기울이고, 행동으로서 실천하는 것이 중요하다. 결국 실제적 결과는 행동이 만들어내니까 말이다. "무언가를 간절히 원하면 이루어진다"는 단순한 문장은 이 모든 과정을 담고 있다. 무언가를 진정으로 원할 때, 이렇게 나의 모든 초점이 맞춰지는 것은 자연스러운 일이다. 우리는 자연스럽게 그것을 이룰 방법을 구하고, 찾아내게 되고, 행동하게 된다.

눈을 감고, 당신이 처음 누군가를 좋아하게 되었을 때를 상상하고, 그때의 감정을 떠올려보라. 당신의 머릿속은 그 사람으로 가득 차 있고, 어떻게 하면 그 사람이 나를 사랑하게 할 수 있을까 고민하지 않았던가? 이렇듯 진정으로 원하면 우리는 방법을 찾기 위해 움직이게 되어 있다. 우리는 그 강력한 힘을 걱정과 부정적인 모든 것을 제거하고, 오직 우리가 원하는 것에 순수하게 집중시킴으로써 우리가 원하는 것을 이루어내는 데에 사용하는 것이다. 그러면 어느새 당신의 삶은 당신이 원하는 것을 위한 행동을 실천하고 있을 것이고, 결국은 상상하던 그 모습에 가까워져 있을 것이다.

생생하게 상상하려면
최선을 다해 알아야 한다

우리의 무의식과의 커뮤니케이션에서 핵심은 '결과'를 상상하는 것, '결과로부터 생각하는 것'이라고 했다. 이때, 우리의 상상이 구체적이고, 생생할수록 우리의 커뮤니케이션을 통한 무의식 프로그래밍은 더욱 강력하게 동작한다. 이것은 너무나도 당연한 것인데 우리의 일상이건, 업무 환경에서건 당신이 당신의 생각을 상대에게 전달할 때 상대가 알아듣지 못할 말로, 들리지 않는 소리로 백날 설명을 해봐야 전달하고자 하는 당신의 의도와 목적은 전달되지 않는다. 커뮤니케이

긍정의 스위치를 켜라

션은 명확해야 의미가 있고, 명확할수록 좋다. 당신이 원하는 그 '결과', 목표하고 간절히 원하는 그 '결과'에 대해 최대한 많은 정보를 수집하라. 기본적으로 그 과정에서 당신이 원하고 있는 것이 당신이 진정으로 원하는 것이 맞는지 또한 더욱 분명해질 것이고, 지속적으로 더욱 좋은 방향으로 수정될 것이다. 그리고 당신이 상상할 때, 당신은 그 구체성과 명확성을 가지고 모든 것을 더욱 생생하게 상상할 수 있게 된다. 시각, 촉각, 청각 당신의 상상력에 도움이 되는 것은 무엇이든 좋다. "우리의 뇌는 우리가 실제라고 부르는 것과 머릿속에서 일어나는 것 사이의 차이를 구분하지 못한다"라고 했는데, 여기서 우리는 이 특성을 더욱 강력하게 이용하게 된다.

당신에게 최적화된 방법을 찾아라

개인에 따라 감정을 가장 잘 이끌어내는 자극은 다르다. 시각(영상, 사진), 청각(음악), 후각, 촉각 등 당신이 그 결과를 떠올리고, 상상하는 데 있어 당신의 감정을 가장 잘 이끌어내고, 당신을 가장 강력하게 그 상태에 있도록 만들어주는 것 또는 그 조합을 찾아라. 그리고 그것을 사용하면 된다. 당신에게 도움을 줄 수 있는 콘텐츠는 넘쳐난다.

'어떻게'는 걱정할 필요가 없다

'어떻게'는 걱정할 필요가 없다. 결과를 구체적으로 시각화하고, 그것을 생생하게 이미 이루어진 것으로서 느끼면 우리의 뇌와 몸이 그것을 믿고, 반응한다. 당신은 그것에 최적화된 방법을 찾고, 실행하게 될 것이다. 장담컨대 이런 경험을 하게 될 것이다. "이게 어떻게 딱 지금, 내가 필요한 것에 맞춰서 나타났지?", "어떻게 지금 딱 이 사람이 내게 오게 되었지?"와 같은 경험 말이다. 이것은 우연이 아니다. '하늘은 스스로 돕는 자를 돕는다'는 말은 물론 하늘의 기운이 우리를 도와준다는 의미도 있지만 우리의 행동과 물질의 영역에서도 일정 부분 충분히 설명이 가능하다. 그것은 당신의 뇌, 당신의 몸, 당신의 표정, 당신의 모든 선택과 자세(자신감 있게 더 적극적으로 접근하느냐, 그냥 넘어가느냐와 같은) 등 당신의 모든 행동과 반응, 사소한 것처럼 보이고 자동적으로 이루어진 것 같은 그 모든 것들이 당신이 상상했던 최종적인 긍정의 결과에 맞춰서 지속적으로 반응하고 동작했기 때문에 이루어져 나타난 것이다.

다시 한번 정리하면, 우리의 의식은 무의식의 일부로서 표면적 표현자일 뿐이다. 우리는 무의식을 직접적으로 우리의 목표에 맞춰서 프로그래밍했기 때문에 우리의 모든 생각과 모든 것들은 거기에 맞춰 최적화되고, 반응하고, 필요한 것을 구하고, 자동적으로 동작하게 된 것이다. 그러니 걱정하지 말고, 당신이 원하는 것에 집중하라. '어떻게'는 걱정할 필요가 없다. 모든 것은 '자동적으로' 이루어질 것이다. 당신의 방향 설정, 노력 또한 자연스럽게 진행될 것이다. 우리는 그것을 받아들이고, 더욱 강력한 믿음으로 거침없이 행동으로 옮기면 된다.

설명할 수 없다고 부정할 순 없다

지금까지 '무의식의 힘'과 관련하여 우리 뇌의 반응, 그로 인해 만들어지는 실제 행동과 연결된 부분에 관해서만 초점을 맞춰 얘기해 보았다. 그것만으로도 충분히 그 힘의 정당성과 강력함이 전달될 것이라고 생각했고, '무의식의 힘'이 가지고 있는 중요함이 누구에게나 거부감 없이 잘 전달되길 바랐기 때문이다. 하지만 이해될 것이라는 믿음과 내가 알고 있는 것을 모두 전달하고 싶은 마음으로 나머지 부분에 관한 나의 생각도 말해보고자 한다.

그 결과가 우리의 행동의 영향력으로부터 전혀 무관한 영역에서도 나는 '무의식의 힘'의 영향력을 발견하곤 한다. 예를 들면 당신이 올해 안에 순자산을 10억으로 만들겠다는 목표를 가지고 그 '결과'를 생생하게 상상하였다고 하자. 당신은 우리가 앞서 살펴본 이유로 당신이 생생하게 상상하고, 그 감정을 느낀 만큼 할 수 있는 노력들을 하게 될 것이고, 아이디어들이 떠오를 것이고, 당신의 노력을 통해 적극적인 행동들을 실행할 것이다. 그런데 정말로 설명하기 어렵지만 당신의 노력의 영역과 상관없는 영역에서도 동작하는 무언가가 있다. 예를 들면 당신이 갑자기 당신의 현재의 노력을 알지도 못하고, 오랫동안 연락도 전혀 못하고 지냈던 옛 친구로부터 갑자기 연락을 받게 되고, 뜻밖의 세안을 받게 되고, 그것이 사업으로 발전되는 등의 우연의 연속으로 10억이라는 당신의 목표를 달성하게 되는 것과 같은 일 말이다. 물론, 당신은 당신의 목표를 가지고 최선의 노력을 다해 준비하고 있었기에 그 기회를 살릴 수 있었을 것이다. 하지만 오랜 시간 연락이 끊겼던 당신의 목표와 노력을 전혀 알지 못했던 그 친구로부터 갑자기 연락을 받게 된 것과 같은 일은 물리적 영역에서의 당신의 노력과는 전혀 연결 지점이 없어 보인다. 그러므로 이것은 우리의 변화된 행동이 결과를 만든다는 설명만으로는 설명이 되지 않는 영역의 것이 된다.

우리는 이와 같이 설명하지 못하는 영역의 것을 운 또는 우연이라는 이름으로 설명한다. 그리고 이러한 현상을 무의식을 향한 우리의 커뮤니케이션과 연결시키려는 노력이라도 하게 되면, 사람들은 다른 모든 정당성, 합리적 이유와 결과들까지 무시하며 한 번에 '미신' 또는 '헛소리'와 같은 것으로 매도해버리곤 한다. 하지만 우리가 설명하지 못할 뿐이지, 나의 경험상 이런 일들은 책이나 이야기를 통해서도 수없이 전달되었고, 우리의 삶 속에서도 수없이 일어나고 있다. 당신이 이것을 그럴 수도 있겠다고 생각하고, 받아들인다면 우리의 '무의식의 힘'에 대한 당신의 믿음에 또 하나의 이점과 정당성을 더하는 것이고, 믿지 않는다고 해도 다른 이유들을 통해 충분히 설득되고, 실행할 동기가 생겼다면 이 부분은 이해의 영역 밖에 그냥 남겨두어도 무방하다. 하지만 나는 경험했고, 그렇다고 믿는다. 우리가 설명하지 못할 뿐, 우리가 간절하게 바라고 생생하게 그 '결과'를 상상하고, 느끼면 우리의 노력의 영역 밖에서도 그것을 돕는 힘이 작용한다. 나는 그저 그렇게 믿고, 감사하는 것으로 내가 할 수 있는 것에 최선을 다한다.

컨디셔닝, 당신이 원하는 것으로 당신의 환경을 가득 채워라

독서의 힘에 이어 또다시 컨디셔닝이다. 사실 독서에서 말한 컨디셔닝의 더 근본적인 이유이기도 하다. 무의식은 모든 정보를 자동적으로 받아들이고 있다. 그러므로 당신이 하는 말, 당신의 주변 사람이 사용하는 언어, 당신이 만나는 사람, 당신 눈에 보이는 모든 것들, 당신이 접하는 모든 정보와 느낌들을 당신의 목표에 맞는 것으로 가득 채워라. 그런 환경에 있어라.

패턴 깨기 = 습관 만들기

우리가 하루하루 하는 행동들은 대부분 패턴이고, 우리는 그것을 습관이라고 부른다. 앞서 말했듯 명확한 이미지와 감정을 통해 무의식과의 커뮤니케이션을 시작했더라도 이것을 지속적으로 적용하지 않는다면 우리는 다시 원래의 우리의 패턴으로 돌아가게 된다. 우리 모두가 경험을 통해 알고 있듯, 관성의 법칙에 의해 이전까지 반복되었던 것, 축적되어 온 것이 우리에게 더 익숙하고, 익숙한 것은 우리에게 더 편하게 느껴진다. 이것은 자연스러운 것이다. 그래서 우리는 여기서 또 한 번의 의식적 노력을 더해야 한다. 우리의 이전의 자동적 반응들, 그 패턴들을 깨기 위한 노력의 시간이 필요한 것이다. '처음이니까 어색한 게 당연하고, 불편한 게 당연하다'. '습관을 만드는 시간 66일'만 지속해보라. 그 의식적 노력을 통해 무의식으로의 우리의 커뮤니케이션은 더욱 명확하게 전달되고, 단단하게 자리 잡을 것이다. 그렇게 내가 원했지만 불편했던 것은 나에게 자동화되어 익숙해지고, 편안한 것이 된다. 목표를 위한 그 강력한 무기들이 완전히 나의 것이 되는 것이다.

습관을 바꾸는 데 필요한 시간 21일

습관을 바꾸려면 최소 21일이 필요하다. '21일의 법칙'은 미국의 성형외과 전문의 맥스웰 몰츠(Maxwell Maltz)가 그의 저서인 《Psycho-Cybernetics》(1960)에서 처음으로 소개하였다. 그는 환자들의 외적 변화가 그들의 내면적 변화를 유도하는 과정을 연구하며 습관 형성에 대한 이론을 발전시켰고, 해당 연구를 토대로, 새로운 습관을 형성하거나 기존 습관을 변경하는 데에 약 21일이 필요하다는 결론을 내리게 되었다.

습관으로 자리잡는 데 필요한 시간 66일

이와 관련된 다양한 연구가 이어지다가 영국 런던대학(UCL)의 필리파 랠리(Phillippe Lally) 교수 연구팀은 새로운 행동이 습관화되는 데는 최소 21일이 걸리며, 행동이 습관으로 자리 잡는 데는 66일이 걸린다는 '66일의 법칙'을 발표했다.

습관 들이기 21일 vs 66일

우리의 뇌는 새로운 것을 접하게 되면 먼저 거부감을 나타

긍정의 스위치를 켜라

낸다. 그 거부감을 익숙함으로 바꾸기 위해서는 일정 기간
이 필요하다. 그 변화를 날짜별로 정리하면 아래와 같다.

- 3일차: 뇌에서 느끼는 거부감이 최고조. 1차 고비. [작
  심삼일이라는 말이 생기게 된 원인]
- 7일차: 3일차를 극복한 후 다시 찾아오는 2차 고비.
- 14일차: 7일차를 극복한 후 다시 찾아오는 3차 고비.
- 21일차: 마지막 고비.

21일까지 성공한다면 일단 우리의 뇌를 설득시키는 것에
는 성공한 것이다. 하지만 그 의미는 뇌가 그것을 익숙하게
여기게 되었다는 뜻이지, 몸과 함께 완전한 습관으로서 자
리 잡은 것은 아니다. 즉 뇌에 이어서 몸까지 하나의 새로
운 행위가 완전히 습관으로 정착되기 위해서는 총 66일이
라는 기간이 필요하다.

자아 이미지

우리는 결국 우리가 원하는 방향으로 세상을 바라보고,

그 방향으로 나아가게 되어 있다. 하지만 우리가 우리의 무의식을 위한 의식적 노력을 하지 않으면 우리는 우리가 의식적으로 원한다고 말하는 것을 무의식의 레벨에서는 진정으로 원하고 있지 않은 의식과 무의식의 모순의 불일치에 놓이게 되고, 그것은 우리가 원하는 방향으로 나아가는 데 있어 우리 스스로를 가로막는다. 자신의 능력에 관해서도 마찬가지다. 우리가 의식적으로는 어떤 일을 해야겠다고 하면서 무의식적으로는 '난 그것을 할 능력이 없어'라고 말하고 있다면, 그런 반대의 것들로 우리의 환경을 채우고 있다면 자동적인 무의식은 그것을 받아들이고, 계속해서 스스로의 감정에 영향력을 행사할 것이다. 그렇게 '해야 하는 나'와 '할 수 없는 나'에 대한 모순의 불일치를 만드는 것이다.

나 스스로에 대한 이미지에서부터 그 부정적 생각과 한계를 벗어 던져야 한다. 성장하고자 한다면 할 수 없다는 생각, 못한다는 생각, 그것과 관련된 일체의 어떤 생각이나 표현들을 모두 다 지우고, 제거해야 한다. 그게 우리의 가능성과 최대 능력을 쓰기 위해 우리가 첫 번째로 해야 할 일이다. 우리의 무의식은 자동적으로 동작한다고 했다. 우리의 그러한 생각과 표현은 우리도 모르는 사이에 우리의 정체성이 되어

버린다. 자신이 원하는 모습에 맞는 표현과 언어를 사용하고, 그런 자신의 이미지를 만들어나가라. 그리고 외부에서 자신을 어떻게 보든 부정적인 것에 흔들리지 말고, 중심을 갖고, 그 불씨를 지속적으로 성장시켜 나가야 한다. 나에게 주어진 모든 것에 대한 책임은 나 자신의 생각과 선택에 있다는 것을 받아들여야 한다. 그러면 우리는 온갖 외부의 것들에 의존하고, 통제되고, 탓하는 피해자 마인드에서 벗어나 자신의 모든 것을 스스로 바꿀 수 있는 마음, 그 자유를 갖게 된다. 결국 모든 것은 시각의 차이, 어떻게 바라보느냐, 어떻게 해석하느냐의 문제다. 모든 것을 긍정적으로 전환하라. 어떤 일이 생겼을 때 부정적으로 해석하여 '왜 이런 일이 나한테 일어나는 거야?'라고 질문을 던지는 것과 '이건 또 나의 성장에 어떤 식으로 도움이 될까?'라는 긍정의 질문을 던지는 것은 하늘과 땅 차이의 결과를 만들 것이다. 긍정의 스위치를 켜라(Turn On Positive) 그리고 그것은 오직 우리 자신에게 달려 있다. 오직 당신만이 당신 자신의 주인이다. 할 수 있다고 생각하면 할 수 있다. 그게 인류가 보여준 인간의 가장 위대한 능력이다. 당신 스스로 당신의 한계를 정하지 마라. 스스로에 대한 강력한 자아 이미지를 만들어라.

Pay the price:
행동하라, 값을 지불하라!

계속해서 행동에 대해 말해왔지만 한 번 더 강조하고 싶다. 행동이 그만큼 중요하기 때문이다. 대부분에게 있어 생각은 쉽다. 하지만 행동은 쉽지 않다. 그래서인지 많은 사람들이 어떤 성공 스토리와 성공 방정식을 들으면 변화와 그것을 위한 행동에 대한 자신의 게으름과 현재 자신의 상황을 합리화시키기 바쁘다.

"그건 당신이니까 가능했지."

"그건 그때였으니까 가능했지."

"그건 당신이 운이 좋았으니까 가능했던 거야."

이렇게 행동하지 않는 비판자로서 의심과 비판만 하고, 부정적인 관점에 집중해서 자신이 할 수 없는 이유에만 집중한다면 단언컨대 '절대로' 아무것도 할 수 없다. 행동이 변해야 결과가 변하기 때문이다. 이번 장에서 살펴본 '마음의 힘' 또한 행동 없이는 아무런 의미를 갖지 않는다. 최종적으로 행동이 결국 변화를 만든다. 마음의 힘을 통해 우리에게 좋은 아이디어들이 떠오르고, 좋은 기회들이 올 때 반드시 행동으로 그것을 잡아야 한다. 행동하지 않는 비판자의 생각을 벗어던지고, 긍정에 집중해야 한다. 우리가 우리를 가두지 않는다면 불가능한 것은 없다. 우리의 마음의 힘을 사용하여 우리가 원하는 것에 온전히 준비시키고, 열어두고, 값을 지불하라. 행동하라!

내가 나의 목표와 원하는 것들을 가지고 나의 무의식과 커뮤니케이션 하기 위해 실제 하고 있는 방식은 다음과 같다. 나의 방법이 당신에게 딱 맞는 것이라고 할 수는 없다. 당신의 가슴을 뛰게 하고, 당신이 가장 강력하게 반응하는 방법을 찾아 지속적으로 실행하는 것이 중요하다.

1. 깊게 호흡하고, 모든 것에 감사하라. 긍정의 상태는 감사에서 시작되고, 긍정의 상태는 우리의 몸과 마음을 열어준다.

2. 아침 기상 직후, 밤 취침 직전은 우리가 무의식에 가장 가까워지는 시간이다. 이 시간을 이용하라. 나는 바이노럴 비트를 들으며 이미지와 내용들로 채워진 나의 확언 노트를 소리 내어 읽는다. 이때, 진짜 이미 그것이 이루

어진 것처럼 상상하고, 그 결과로부터 생각하고, 감사하고, 느껴야 한다. 그 감정을 진짜 느끼는 것이 중요하다.

* 바이노럴 비트(Binaural beats)는 특정 소리로 뇌의 뇌파를 조절하는 소리를 뜻한다.

3. 이어서 일어나며 내가 녹음해 놓은 확언을 듣는다. 나에게 좋은 감정을 느끼게 해주는 배경음악을 입혀 놓았다.

이렇게 하루를 시작하며 나는 나의 무의식/의식과 내가 원하는 방향을 커뮤니케이션 한다. 나는 엄청난 감사, 목적과 에너지로 하루를 시작한다. 그리고 오늘 하루 어제보다 또 한 단계 성장한 버전의 나로서 행동하고, 성취한다. 물론, 나의 방식이 모두에게 정답은 아니다. 다만, 최대한 구체적으로, 당신의 감정이 진짜 그것을 느낄 수 있는 방법이면 충분하다. 시각, 청각, 촉각 어떤 것에 초점을 맞추든 당신에게 맞는 것이 당신에게 최고의 방법이다.

1 우리의 모든 감정과 생각은 의식보다 무의식에 의해 지배된다.

2 원하는 것에 대한 의식과 무의식의 불일치는 우리의 상태와 감정, 행동을 우리가 원하는 것으로 순수하게 집중하는 데에 있어 결정적인 방해 요소다.

3 우리의 의식적 노력을 통해 무의식을 컨디셔닝 할 수 있다.

4 '결과로부터 생각하는' 상태, 당신이 원하는 그 결과가 이미 이루어진 그 상태의 '감사의 감정'에 집중하라.

5 당신이 그 '결과'를 상상하는 데 있어 당신의 감정을 가장 잘 이끌어내는 최적화된 방법을 찾아라.

6 '어떻게'는 걱정하지 마라. 당신이 원하는 것, 그 '결과'에 완전히 집중하고, 그것을 생생하게 이미지화하고, 그 감정을 느껴라.

7 당신이 원하는 것을 최대한 구체적으로 알아라. 그 모든 느낌과 정보를 당신의 생생한 상상력에 이용하라. 더 구체적이고 명확할수록, 무의식을 향한 우리의 프로그래밍은 더욱 강력하게 동작한다.

8 설명할 수 없다고 부정할 순 없다. 생생하게 그 '결과'를 상상하면, 우리의 노력과 이해를 넘어서는 힘 또한 우리를 돕는다.

9 당신이 원하는 것으로 당신의 환경을 가득 채워라.

지속적으로 반복하라. 관성을 깨고, 새로운 패턴을 나의 것으로 만들어라. 습관을 만드는 시간 66일을 스마트하게 이용하라.

10 우리는 우리가 생각하는 만큼 우리의 능력을 사용한다. 먼저, 우리의 자아 이미지에서 모든 한계와 부정을 걷어내야 한다. 할 수 있다고 생각하면 할 수 있다.

11 모든 것이 나로부터 시작된다는 주체적 마인드를 가져라. 의존과 피해자 마인드로부터 자유로워진다.

12 행동하지 않는 비판자를 제거하라. 긍정에 집중하고, 배우고, 성장하라. 값을 지불하라! 행동하라!

13 스스로에게 맞는, 가장 효과적이고, 좋은 방법을 통해 지속적으로 실천한다.

14 실제 그 상황을 생생하게 상상하고, 느껴야 한다. 그 감정을 생생하게 실제로 느껴라.

지속의 힘

옛날 기주의 남쪽 황하의 북쪽 지역에 태항산과 왕옥산이
라 부르는 두 개의 큰 산이 있었다. 이 두 산은 높이가 수천
장에 이르고 주변 7백여 리에 뻗어 있었다.

북산기슭에 우공이라 부르는 거의 구순에 이르는 노인이
살고 있었다. 이들 일가는 앞을 가로막은 두 산 때문에 외부
로 드나들기가 여간 불편한 것이 아니었다. 어느 날 우공이

집식구들을 불러놓고 이렇게 말했다. "나는 너희들과 함께 두 산을 파 없애고 상주까지 거쳐 한수이남에 이르는 길을 내려고 한다. 너희들 생각은 어떠하냐?"

모두들 좋은 생각이라면서 당장 착수하자고 했으나 우공의 아내만은 근심 어린 어조로 말했다. "당신 이 연세에 작은 언덕도 파내기 힘들텐데 어찌 태항산과 왕옥산을 퍼헤친단 말이에요? 그리고 파낸 돌과 흙은 어찌 하려구요?"

우공은 산에서 파낸 돌과 흙은 발해에 버리면 된다고 대답했다

이때부터 우공과 가족들은 산을 파기 시작했다. 무더운 여름날에도, 추운 겨울날에도 이들은 날마다 산을 파기에 여념이 없었다. 어느 하루는 황하가에 사는 지수라는 노인이 왔다가 이들이 산을 파는 것을 보고는 이렇게 권고했다. "노인장, 이건 너무나 무모한 짓입니다. 이렇게 연세가 많고 기력도 떨어져 산속의 풀도 뽑지 못할 것 같은데 이토록 많은 흙과 돌을 파내는 일을 어찌 해낸단 말입니까?"

이에 우공이 답했다. "나야 살 날이 얼마 남지 않았지. 허나

내가 죽으면 아들이 계속하면 된다네. 아들이 또 손자를 낳고 그 손자가 또 아들을 낳으면 대대로 이어갈 수 있지 않은가? 우리는 대대로 끊임없이 산을 파낼 수 있고 이 두 산은 더는 자라지 않으니 어느 날엔가는 다 파내지 않겠나."

이에 지수 노인은 더는 할 말을 찾지 못했다.

이 일을 산과 바다의 신이 알게 되었고 이를 옥황상제에게 고했다. 옥황상제는 우공의 결심과 행동에 크게 감명을 받아 힘장수신을 보내 태행산과 왕옥산을 옮겨 그중 하나는 삭동에 두고 다른 하나는 옹남에 놓아두었다고 한다.

— 우공이산 중에서

어려움을 무릅쓰고 '꾸준히' 노력하면 큰 산도 옮길 수 있다.

부정성 편향(negativity bias)

어려운 상황, 힘든 상황을 맞닥뜨리면 포기하고 싶은 마음이 고개를 든다. 우리는 의심하기 시작한다. '내가 이걸 할 수 있을까?', '내가 지금 시간 낭비를 하고 있는 것은 아닌가?', '이게 맞는 길일까?' 인간은 본능적으로 위험에 대해 더 크게 반응한다고 한다. 이를 '부정성 편향'이라고 한다. 원시시대 밀림에서 원시인들이 모여 즐겁게 놀고 있다고 상상해보자. 그때, 나무 뒤에서 바스락거리는 소리가 난다. 그 소리를 맹수라고 생각하고 피신한 그룹과 그냥 바람 소리겠지 하고 자리에 남아 있었던 두 그룹 중, 어느 쪽의 생존 가능성이 높을까? 재빨리 몸을 피신시킨 쪽일 것이다. 우리는 생존한 자의 후예다. 부정성 편향은 원시시대부터 직접적 위험에 많이 노출된 환경에서 생명을 지켜내고자 한 생존 본능에서 기인한 인류의 인지적 기제다. 그렇게 인간의 뇌는 일단 피하도록, 다시 말해 보수적, 부정적으로 사고하고 해석하도록 진화해왔고, 그것은 현대를 살아가는 우리에게도 공동의 유전자를 통해 본능으로서 남겨져 있다.

하지만 시대는 변했다. 현대 사회에 아무리 많은 생존을 위협하는 위험 요소가 있다 한들 맹수가 빌딩 숲을 누비고 다니진 않는다. 그리고 특히나 우리가 무언가를 하는 데 있어 뭔가를 좀 이해하지 못한다고 해서, 다음 결과가 까마득히 보이지 않는다고 해서 그것이 우리의 목숨을 순식간에 앗아가진 않는다. 하지만 우리의 본능 안에 남아 있는 부정성 편향은 상황을 확대해서 받아들이도록 하고, 이내 우리를 포기하게 한다. 투자도 똑같다. 올라갈 때는 다들 결국은 우상향 해온 긴 관점의 차트를 보여주며 자신은 장기투자를 할 것이라고 말한다. 하지만 20%, 30%의 폭락장을 경험하면 대부분은 언제 그랬냐는듯 요동치는 감정에 패닉셀을 하며 다시는 주식을 하지 않겠다고 하며 떠난다. 심지어 자신이 신봉하던 투자 고수들에게 욕을 하면서 말이다. 그리고 차트는 이내 우상향을 하던 추세의 제자리를 찾아간다. 변화하는 상황 속에서 심사숙고 끝에 자신의 목표를 더 나은 것으로 변경할 수도 있다. 하지만 때로는 시대의 변화에 비해 이렇게 과하게 반응하곤 하는 우리 뇌의 본능적 반응을 이해하고, 진행해오던 과정과 기회를 비이성적 감정, 불안과 공포에 의해 포기하고 도망쳐버리는 일은 피해야 한다.

끝까지 가봐야, 끝까지 파봐야 알 수 있다, 긍정의 선순환

홍상수 감독의 2019년 영화 〈우리 선희〉 중 만취한 문수의 대사 중에 이런 말이 있다. "끝까지 파야 아는 거고, 끝까지 파 봐야 가서 뭐가 중요한지 아는 거 잖아요. 뭐가 좋은지 아는 거잖아요." 그렇다. 우리는 현재라는 시점에 살고 있고, 우리 인간은 미래를 알 수 없다. 대부분은 해봐야, 가봐야 알 수 있다. 나 또한 포기하지 않고 하다 보니 그것을 몸소 경험하고 있다. 잘하지 않아도, 재능이 없어도, 모든 것이 막막한 상황에서도 포기하지 않고, 계속해서 붙잡고, 지속하고, 끈질기게 노력하면 절대 불가능한 것처럼 보이던 것도 결국 할 수 있게 된다는 것을 이 과정을 통해 배우고 있다. 우공이산처럼 말이다. 그리고 이런 경험이 더 많아지고, 쌓일수록 부정성 편향에서 비롯되던 나의 자동적인 부정적, 소극적 반응은 긍정적 반응인 '지속하면 할 수 있다'로 변화되어 가고 있다. '또 안 되겠지'에서 '이번에도 역시 잘될 거야. 난 끝까지 계속해서 결국 해낼 거야!'로 바뀌어가고 있는 것이다. 사실 부트캠프 심화반을 턱걸이로 들어갔을 때에도, 첫 취직을 통해 회사에 들어갔을 때에도, 이직에 성공했을 때에도 그렇게 좋게만 보이던 시간들 속 나에겐 여전히 두려움과 불안이 있었다. '운이 좋았던 것 같다'. '나를 실제보다 좋게 봐주신 것 같다', '혹시라도 실수하면 어떻게 하지?', '살아남지 못하면 어떻게 하지?' 이런 불안과 의심들은 불쑥불쑥 튀어나와 나를 괴롭혔고 그때마다 난 '지속의 힘'을 통해 작은 성공의 경험들을 축적해 나가며 그 시간들을 정면으로 마주했다. 크고 작은 성공의 경험이 쌓여 갈수록 불안과 두려움에 대한 빈도와 시간은 점점 감소해 갔고, 지속을 통해 계속했기에 경험할 수 있었던 그 성공의 경험에 대한 빈도는 점점 높아져갔다. 그 과정을 통해 지속에 대한 나의 믿음과 그 힘은 내 안에 더욱 강하게 자리 잡게 되었고, 더욱 강해진 그 힘을 통해 난 다시 더 지속할 수 있었다. 결국 그것이 또 더 많은 성공의 경험에 대한 축적으로 이어져 지속의 힘을 통한 선순환을 만들 수 있었다.

지속, 그 자체에 답이 있다. 깊게 파고, 가봐야, 지속해봐야 우리의 시대착오적 본능을 벗어 던지고, 발견할 수 있게 되고, 할 수 있게 되고, 그래서 또 더 지속할 수 있게 되는 긍정의 선순환을 만들 수 있는 것이다.

의외의 발견

처음에는 어쩔 수 없이 해야 했던 것, 자발적으로는 별로 하고 싶지 않았던 것 또한 지속을 통해 계속함으로써 그 안에서 새로운 발견을 할 수 있다. 세상은 매 순간 변하고 있다. 그게 자연스러운 것이다. 자연은 순환하고, 우주는 움직이고 있다. 인간도 변한다. 무언가를 하는 과정 속에서 새로운 발견, 새로운 경험이 만들어지고, 그로 인해 자신의 생각 또한 변한다. 그 과정을 통해 우리는 전혀 몰랐던 세계를 발견하게 된다. 그렇게 우리는 전혀 기대하지 않았던 곳에서 우리의 흥미의 대상을, 재능의 대상을 발견하게 되기도 한다. 그러한 발견은 책과 지식을 통해 간접적으로 접한 이미지와 추측에 의한 것이 아니라 진짜 경험을 통해 나타나게 되는 것이다. 그리고 잠깐 혹은 대충하는 과정에서 그것을 발견하기란 쉽지 않다. 끈기와 지속의 힘을 통해 계속하는 그 과정 속에 내가 몰랐던 새로운 나의 재능이나 흥미를 발견하는 진가가 숨어 있는 것이다.

물론 유한한 시간 속에서 우리가 이 세상 모든 것을 다 할 순 없지만, 그것은 우리에게 주어진 것, 혹은 해야만 하는 상황 속에서 진득하게 지속과 끈기를 추구할 좋은 이유가 된다. 나도 내가 개발을 좋아하게 될 줄 몰랐다. 부트캠프를 마무리하고 개발자로서 경력 2년 차에 들어설 때까지도 전혀 몰랐다. 결국 내 선택이었지만 생존하기 위해 해야만 했던 그 상황 속에서 힘들어도 포기하지 않고 계속하다 보니 처음엔 알지 못했고, 생각지도 못했던 개발에 대한 나의 강점과 흥미를 발견할 수 있었다. 지금 당신이 알고 있는 것이 당신이 할 수 있는 좋은 선택의 전부가 아닐지도 모른다. 새로운 경험에 대한 지속의 과정에서 우리의 새로운 강점과 흥미는 얼마든지 발견되어질 수 있다.

모든 것은 연결되어 있다.
너무 걱정하지 말고, 그저 최선을 다하라

축구든, 연기든, 개발이든 모든 것은 본질적인 차원에서 연결되어 있다고 생각한다. 각각의 분야나 기술에 대한 세부적인 내용은 분명 다르겠지만 일을 대하는 자세, 세부적인 차이를 넘어선 좀 더 근본적인 공통 원리는 사실 모든 것이 대부분을 공유하고 있다. 그렇기에 지금 나에게 주어진 것, 내가 지금 하고 있는 것이 무엇이든 지속의 힘을 통해 깊이 있게 몰두하고, 끈질기게 최선을 다하는 것은 모든 것이 공유하는 본질에 대한 공통 원리를 이해하고, 배워 나가는 과정이므로 혹 나중에 다른 일을 하게 되더라도 우리는 지금의 이 시간과 에너지를 낭비하고 있는 것이 아닌 게 된다. 오히려 진지하게 최선을 다하면 할수록 그 본질과 일에 대한 기본 자세를 더욱 좋은 방향으로 성장시키고 있는 것이 된다. 그러므로 너무 많은 걱정과 고민으로 이것저것 많은 것을 하는 것보다 한 가지를 정말 열심히 끈질기게 하는 것에 오히려 본질에 가까워지는 답이 있을 수 있다. 나의 경험과 또 내가 봐왔던 많은 다른 이들의 경험을 종합해보면 그렇게 최선을 다해 보낸 시간은 나중에 정말 무관한 것이라고 생각되던 것을 하게 되었을 때에도 결국 어떤 식으로든 나에게 도움을 주는 강점으로서 발현이 되는 것 같다. 내가 배우를 했던 시간 동안 대본을 보고, 영화를 보며 다양한 캐릭터에 대해 연구하고, 고민했던 것이 개발을 진행하고, 제품을 완성해가는 과정에서 너무나도 중요한 상대방의 관점, 다양한 다른 시각의 관점, 고객의 관점에서 먼저 생각하고, 비교하고, 적용하여 더 나은 결과를 찾아가

긍정의 스위치를 켜라

는 데에 도움을 준 것과 같이, 혹은 축구선수 시절 체력의 한계를 뛰어넘는 극한의 경험과 규율 속 단체생활의 경험, 골(Goal)과 승리라는 공동의 목적을 강렬하게 추구하던 시간이 개발을 하고, 프로젝트를 진행할 때에 아무리 어려운 상황을 만나더라도 묵묵히 팀과 목적의 관점에서 순수하고, 강렬하게 집중할 수 있는 데에 도움을 준 것과 같이 말이다. 스티브 잡스도 2005년 스탠퍼드 졸업 축사에서 말하지 않았던가 "모든 것은 연결되어 있다."

지속 가능한 전략

지속은 정말 중요하다. 지속이 새로운 가능성을 발견하게 하고, 성공의 축적을 통해 변화를 가능하게 만들고, 또한 본질적인 차원에서의 일에 대한 우리의 자세를 만들기 때문이다. 그렇기에 우리의 노력 또한 지속 가능한 것으로서 세팅되어져야 한다. 누군가는 처음에는 불같이 타오르며 뛰어든다. 그리고 이내 지쳐 포기해버린다. 장기적인 관점에서 바라보고, 지속 가능한 페이스와 리듬을 통해 지치지 않도록 잘 관리하는 것, 꾸준히 지속할 수 있도록 일의 단계를 관리하는 것이 중요하다. 예를 들면 나는 너무 큰 목표나 긴 타임라인으로 인해 압박을 느낄 때면, 해당 일을 세분화해서 쪼개고, 또 쪼갠다. 그렇게 큰 일을 좀 더 세부적이고, 측정 가능한 단위로 나열하고 바라보면 지금 내가 할 수 있는 일, 해야 하는 일이 더욱 분명하게 정리된다. 우선순위도 명확하게 정리가 쉬워지고, 쪼개진 일의 크기나 호흡 또한 짧기 때문에 일의 난이도 측면에서도 더욱 쉽게 정리된다.

결국, 더 쉽게 느껴지는 세부 사항들을 하나하나 정복해 나가며 성취감을 쌓아나가게 된다. 그 작은 성취감이 모여 '할 수 있다'는 감정, '할 수 있다'는 생각이 더욱 굳건히 자리 잡게 되고, 그 긍정의 감정과 성취감을 통해 지속력 또한 배가된다. 결과적으로 지속을 통해 전체 내용을 잘 마무리할 수 있게 된다. 이렇듯 장기적인 관점, 큰 관점에서 지속 가능한 전략으로 접근하고, 일을 관리하는 것이 중요하다.

긍정의 스위치를 켜라

비교가 아닌 성장에 초점을 맞춰라

노력하는 과정에서 많은 이들을 가장 힘 빠지게 만드는 것 중 하나는 바로 '비교'다. 한 가지 분명한 것은 세상은 공평하지 않다는 것이다. 모두가 다 다른 조건과 환경에서 태어나 완전히 다른 각자의 삶을 살고 있다. 인스타 등의 소셜 플랫폼을 통해 우리는 현재의 삶과는 완전히 다른 환경과 삶에 너무나 쉽게 접근할 수 있게 되었다. 그곳에서 멋지게 꾸며진 삶들을 보면서 많은 이들이 자신도 모르는 사이 자신의 처지를 그들과 비교하게 된다. 정말 열심히 자신의 하루하루를 살던 사람도 순식간에 '이 사람들은 이렇게 행복하고, 여유로워 보이는데 나는 왜 이렇게 아등바등 살고 있나' 하며 좌절감, 허탈감을 느끼게 된다. 물론 개중에는 해당 소셜 플랫폼에서 보여지는 만큼의 삶을 진짜로 살고 있는 사람들도 있겠지만 많은 뉴스를 통해 공개되었듯이 대개는 돈을 벌기 위해 과도하게 과장되고, 연출된 경우가 대부분이다. 모두가 그런 것은 아니지만 그들 또한 자신의 내면과 삶에서 충족되지 않는 무언가를 채우기 위해 보여지는 것에 집착하고, 자신을 포장하는 경우가 대다수다. 그러니 우리는 그런 '진짜가 아닌 외부의 소음'에 영향을 받지 않도록 스스로를 잘 관리해야 한다.

앞의 '무의식, 진짜 마음의 힘'에서 살펴봤듯이 우리는 우리가 원하는 것으로 우리의 환경을 컨디셔닝 해야 한다. 그래야 우리가 원하는 방향으로 우리를 프로그래밍할 수 있기 때문이다. 많은 소셜 플랫폼들은 결국 광고를 통한 그들의 사업을 위해 당신에게 감당하기 벅찬 양의 정보를 노출시킨다. 그리고 그것은 당신의 시간과 관심에 영향을 미친다. 눈에 들어오는 순간 당신이 의도했든, 의도하지 않았든 그것은 당신에게 어떤 식으로든 영향을 끼칠 힘을 갖게 된다. 당신의 무의식에 그들의 의도와 씨앗이 심어지는 것이다. 당신이 그런 것에 절대 흔들리지 않고 긍정적인 방향으로만 잘 사용할 수 있다면, 해당 플랫폼들도 유용한 방향으로 사용되어질 수 있다. 하지만 당신이 어떤 식으로든 그것에 시간을 빼앗기고, 그곳에서의 꾸며진 타인의 삶을 보며 비교하게 되고, 허탈감 등 부정적인 감정을 느끼게 된다면 멀리해야 한다. 소셜 플랫폼이 우리의 삶에 워낙 큰 영향력을 끼치고 있고, 그에 대한 문제가 심각하기에 더욱 특정 지어서 얘기했지만 여기서 더 근본적으로 얘기하고자 하는 것은 타인, 외부와의 비교를 통해 부정적 감정을 일으키고 그로 인해 시속하는 힘을 잃게 민드는 것을 우리의 환경으로부터 제거하자는 것이다. 온전히 내가 할 수 있는 것, 내가 통제할 수 있는 '나 자신의 성장'에 초점을 맞춰라. '어제보다 성장하는 오늘의 나', '지속적으로 성장하는 나'에 초점을 맞추고 그것을 목표로 오늘 하루, 당신의 유일한 시간인 지금 이 순간에 최선을 다해라. 그럴 때, 우리는 위의 지속 가능한 전략에서 예시로 들었던 것과 같이 지속의 힘, 그 긍정의 선순환을 통해 나 자신의 인생을 지속적으로 잘 운영할 수 있게 될 것이다. 그리고 지속을 통해 우리는 또 한 번 우리의 성장 가능성을 최대로 높이게 된다. 단, 오해하지 말자. 타인을 통한 긍정적 자극과 배움은 좋은 것이다. 우리에게 부정적 감정이 들게 하는 소모적인 비교에 빠지지 말자는 것이다. 오로지 우리의 성장과 우리의 성장을 도와줄 긍정의 감정에 집중하자. 그 힘을 통해 지속하자.

필터링: 더 값진 성장과 가치를 만들어내는 시간

"나를 파괴시키지 못하는 것은 무엇이든지 나를 강하게 만들 뿐이다."
— 니체

특출난 재능을 가진 사람들도 있지만 보통은 대부분 비슷한 것에서 비슷한 어려움을 느낀다. 그러므로 무언가가 어렵게 느껴지고, 포기하고 싶은 감정이 든다면 대부분의 다른 사람들 또한 어렵게 느끼고, 포기의 유혹을 느끼는 단계라는 것이고, 그렇기 때문에 극복 후 주어지는 결과는 더욱 값진 것이 된다. 지속함으로 그 관문을 통과해 나간다면 당신의 가치는 더 올라가 있을 것이다. 남들보다 훨씬 뒤에서 시작한 나도 계속해서 지속의 힘으로 성장해 나가고 있다. 그러니 가는 길에서 어려움과 포기하고 싶은 마음 그 유혹을 만난다면 기쁘게 더 하라. 우리의 경쟁력을 위한 발전과 성장의 시간이다. 최고의 끈기의 진가가 발휘되는 지점이 그 지점이고, 값진 실력이 만들어지는 토대가 바로 그 순간이다.

긍정의 스위치를 켜라

1 부정성 편향, 포기하고 싶은 마음, 피하고 싶은 마음은 자연스러운 것이다. 시대착오적 본능에 속아서 포기하지 말자.

2 지속, 그 자체에 답이 있다. 깊게 파고, 가봐야, 지속해봐야 좋은 것을 발견할 수 있게 되고, 할 수 있게 되고, 긍정의 선순환을 만들 수 있게 된다.

3 지속해야 성취할 수 있다. 그리고 그 과정에서 이루는 작은 성취들이 모여 우리를 실패의 프로그래밍에서 벗어나 긍정의 스위치를 켜고 성공의 프로그래밍으로 가게 한다. 그렇게 긍정의 선순환을 만든다.

4 지금 알고 있는 것이 전부가 아니다. 지속하는 과정에서 새로운 발견을 할 수 있다. 오히려 너무 앞선 걱정으로 시간 낭비할 필요 없다. 모든 것은 연결되어 있다. 그저 최선을 다하라.

5 장기적 관점에서 지치지 않도록 지속 가능한 계획을 세워라. 전략적으로 접근하라.

6 목표를 세부적으로 쪼개고, 또 쪼개라. 측정 가능한 것으로 만들어 관리하라. 성취감이 더해지고, 지속력을 배가시킨다.

7 타인과 비교하지 말라. 소셜 플랫폼을 사용하는 것이 비교와 부정

적인 감정을 불러일으킨다면 지워버려라. '어제보다 성장하는 오늘의 나', '지속적으로 성장하는 나'에 초점을 맞추고, 긍정의 감정과 환경을 컨디셔닝 하라.

8 포기하고 싶은 생각이 들면, 모두가 비슷하게 느끼고 있다는 것을 기억하라. 지속하고 이겨내면 그게 곧 자신의 경쟁력이 된다.

목표, 집중의 힘

매일 가장 먼저 출근하고, 막차를 타고 퇴근하던 시절, 존경하던 선배 개발자와 일대일 미팅을 갖게 되어 이런 질문을 한 적이 있다. "선배님은 일을 함에 있어 가장 중요한 게 뭐라고 생각하시나요?" 곰곰이 생각을 하던 선배는 이렇게 말했다.

"해야 할 일과 안 해도 될 일을 구분하는 능력, 하지 않아도 될 일을 하지 않는 능력인 것 같아요."

그때가 나의 경력 2년 차였는데 수동적으로 정해진 일을 처리하고 있던 나에게 그 말은 어느 정도는 이해가 되고, 어느 정도는 의문점으로 남았던 것 같다. 선배는 그런 나의 표정을 보고 말을 이어나갔다.

"안 해도 될 일을 안 하게 되면, 더 많은 시간을 갖게 되고, 그 시간에 해야 될 것에 더 집중할 수 있게 되죠. 그러면 해야 할 것, 더 중요한 것에 집중함으로 더 좋은 결과를 만들게 되고, 실력도 더 맞는 방향으로 성장하게 되죠. 그러면 같은 중요한 일에 대해 이전과 같은 양과 내용을 더 빨리 처리할 수 있게 되고, 시간은 더 많아지게 되죠. 그 시간은 추가적인 다른 중요한 것을 배우고, 처리하는 데 사용할 수 있고, 그렇게 거대한 선순환이 만들어지게 되죠."

선배의 그 말은 2023년 경력 5년 차로 넘어가는 지금까지도 나의 모든 판단에 살아 숨 쉬고 있다. 개발에 있어서도 그렇지만 인생 모든 부분에 있어서도 그렇다.

성취와 성공을 위한 우리의 노력에 있어 본질적으로 가장 중요한 것 중 하나는 지속의 힘이라는 것을 앞 장에서 살펴보았다. 그 지속의 힘을 이끄는 동력은 무엇일까? 바로 목표다. 앞서 우리의 무의식과 커뮤니케이션하는 방법, '무의식, 진짜 마음의 힘'에서도 우리의 목표, 이미 그것이 이루어진 그 상태를 그리는 것이 핵심임을 살펴봤었다. 이번 장에서는 그 목표를 어떻게 구체화하고 살아 숨 쉬게 하는지에 관해 얘기해보고자 한다.

"제가 항상 반복해서 외우는 주문 중 하나는 '집중'과 '단순함'입니다. 단순함은 복잡함보다 어렵습니다. 생각을 단순하고 명료하게 만들려면 생각을 깨끗이 정리하는 노력이 필요하기 때문입니다."

"많은 사람에게 집중이란 집중할 것에 'Yes'하는 것을 의미합니다. 하지만 집중이란 좋은 아이디어 수백 개에 'No'라고 말하는 것입니다. 조심스럽게 골라야 합니다."

— 스티브 잡스

단순하고, 명확하다는 것은 모든 불필요한 것을 제거하고, 본질적인 것 그 자체만 남아 분명하게 자신을 표현하고 있는 상태를 말한다. 우리는 우리의 목표를 단순하고, 명확하게 해야 한다. 본질적인 것만이 남아 모든 게 분명해야 한다.

할 수 있는 것 vs 할 수 없는 것

너무 심플하지만 의외로 많은 사람들이 하고 있지 못하는 것, 그것은 바로 '지금 할 수 없는 것'에 대한 에너지 낭비를 멈추는 것이다. 이것은 단순히 우선순위에 대한 이해를 넘어 어느 정도는 마인드 컨트롤과도 연관이 있다. 예를 들면 금요일 업무 마지막 시간에 뭔가가 급하게 이루어지면서 내용이 충분히 합의되지 않은 채 어정쩡하게 미팅이 마무리되었다고 하자. 몇 시간 뒤 그에 대해 해결책이 떠올랐고 업무 시간은 끝나버렸다. 추가 미팅을 통해 문제를 해결하고 싶지만 주말임에도 진행되어야 할 긴급한 사안은 아니다. 그러면 그것은 월요일로 미루면 되는 것이다. 그 시간 동안 추가로 할 수 있는 것이 아무것도 없는데 주말 내내 그것에 에너지를 낭비하며 다른 중요한 일에 온전히 집중하지 못한다면 그것은 '지금 할 수 없는 것' 때문에 '지금 내가 할 수 있는 것'에 대한 에너지와 집중을 막아버리고, 낭비하는 꼴이 된다. 이렇게 하나의 단순한 예를 들었지만 우리의 일상에서 내가 통제할 수 없는 영역의 것들은 꽤나 많고 우리는 이러한 것에 우리의 마음과 에너지를 생각보다 훨씬 더 많이 낭비하고 있다. 이건 모든 것을 즉시 처리해야 직성이 풀리는 사람들에게서 더욱 쉽게 발견되는 것인데, 나는 그 누구보다 이것을 잘 이해하는 사람 중 한 명일 것이다.

이것은 명확한 목표를 만드는 것으로 자연스럽게 연결된다. 목표라는 개념을 조금 일반화해서 '어떤 시간 안에 달성해야 하는 무엇'이라고 한다면 각 단계와 시점에서 '내가 지금 할 수 없는 것'을 지우는 것은 목표를 명확히 하는 데 있어 절대적으로 필요한 기본 조건이다. 무언가 시기적으로 나중에 해야 할 일이 있다면 필요한 경우 노트 또는 사용하는 캘린더에 자신이 필요한 정도가 상기될 정도만 해당 날짜에 메모해두고 아예 잊어버리는 게 가장 좋다고 생각한다.

오지랖, 그로 인한 불필요한 좌절감

별거 아닌 잡무 쯤은 하려면 쉽게 처리할 수 있다. 하지만 그렇게 모든 걸 다 하려고 하다 보면 결국에는 시간이 남아나질 않는다. 그리고 시간은 한정적이기 때문에 결국 그중 무언가는 하지 못하게 된다. 무언가를 못하게 되었을 때, 그것이 중요하지 않은 것이었음에도, 하기로 했었기 때문에 혹은 해주기로 약속했기 때문에 그 말을 지키지 못한 데서 오는 크든 작든 야기되는 좌절감은 당신의 그다음 감정과 상태에 부정적인 영향을 끼칠 수 있다. 더군다나 다른 사람과 관계된 경우에는 신뢰에도 부정적인 영향을 끼칠 수 있다. 잘 생각해보면 그 일이 중요한 것이 아님을 알고, 애초에 하지 않기로 했다면 그 좌절감은 존재할 필요가 없었던 것이다.

기억하라. 시간은 유한하다. 그러므로 모든 걸 다 할 순 없다. 그러므로 처음부터 중요하지 않은 것이 당신의 시간에 고개를 들이밀도록 허용하지 마라. 괜히 미안한 일, 신뢰감 깎아 먹는 일 만들지 말자는 것이다.

멀티태스킹이란 애초에 존재하지 않는다

우리의 뇌는 한 번에 한 가지 일밖에 하지 못한다. 멀티태스킹은 실제로 여러 가지 일을 하는 것이 아니다. 계속해서 우리가 처리하고자 하는 한 가지로 집중 대상을 전환하는 것일 뿐이다. 그리고 우리의 뇌는 이러한 전환의 과정에서 에너지를 소모하게 된다. 예를 들어 a와 b라는 일을 처리하는 데 각각 5라는 에너지가 필요하다고 하자. 그리고 일을 하던 도중 다른 일로 전환하는 경우 에너지 1을 소모한다고 하자. 이 경우, a를 다 끝내고 나서 b를 다 끝내는 데 필요한 에너지는 각각 5를 소모함으로 총 10이지만 멀티태스킹으로 둘을 처리하는 경우 추가로 전환 에너지를 소모하기 때문에 원래 두 가지 일을 끝내는 데 필요한 에너지 10에 전환하는 만큼의 에너지를 추가적으로 더 소모하게 된다. 정신없이 왔다 갔다 할수록 그 소모량은 더 커질 것이다.

이러한 비효율적 프로세스는 뇌에 상당한 부담을 주고, 그 기능을 떨어뜨린다. 그리고 우리의 몸과 뇌는 스트레스 상태에서 최대의 퍼포먼스를 발휘할 수 없다. 그러니 한 번에 한 가지에 집중하는 것이 뇌를 효율적으로 사용하는 것이고, 결국 더 좋은 결과를 만든다. "급할수록 돌아가라"는 옛말은 "급할수록 한 가지씩"과 다름없다.

20/80 파레토 법칙

파레토의 법칙은 '전체 결과의 80%가 전체 원인의 20%에서 일어나는 현상'을 의미하는 것으로, 1896년 이탈리아 경제학자인 빌프레도 파레토(Vilfredo Pareto)에 의해 고안되었다. 파레토는 이탈리아의 80% 땅을 단 20%의 인구가 소유하고 있다는 사실을 발견했고, 또한 그의 정원에서도 20%의 식물이 80%의 열매를 맺는다는 것을 발견했다. 그리고 놀랍게도 이 20/80 법칙은 우리가 마주하는 거의 대부분에서 발견되는 일반적인 현상이다.

- 20%의 고객이 회사 수익의 80%를 가져다준다.
- 20%의 고객이 회사 불만의 80%를 전달한다.
- 20%의 운동선수가 80%의 점수를 기록한다.

그 비율의 정확도도 놀랄 만큼 꽤나 충분하지만 여기서 중요한 것은 20/80의 정확한 비율이 아니다. 경우에 따라 약간의 편차는 존재할 수 있지만 요지는 대부분 의미 있거나 비숭있는 결과가 소수의 핵심 원인으로부터 만들어진다는 것이다. 자연스럽게 우리는 우리가 원하는 결과에 대한 핵심 원인에 집중하므로 해당 결과를 극대화시킬 수 있다는 생각에 이르게 된다. 우리의 매일의 일상과 업무에 적용하면 이런 질문들이 될 것이다.

"나의 행복의 80%를 만들어내는 20%는 과연 무엇인가?"
"나의 임팩트와 성과의 80%를 담당하는 나의 20%의 업무는 무엇인가?"

즉, 여기서 20%가 아닌 것에 해당하는 80%는 '하지 않아도 되는 것(Not-to-do)'의 영역으로서 나의 시간과 에너지를 사용해야 하는 대상에서 제외시킬 수 있다. 이렇게 우리는 하지 않아도 될 것들을 지우고 또 지워나가며 우리에게 정말로 중요한 것만을 남겨 놓게 된다. 그리고 이 과정은 연쇄적으로도 적용이 가능하다. 첫 번째 20%를 뽑아내고, 그 안에서 또 20/80으로 20%를 뽑아내는 것이 가능하다는 말이다. 다시한번 단순화시켜 정리해보면 우리가 지금 하는 것의 핵심은 '원하는 전체 결과를 만들어내는 소수의 핵심 요소 가려내기'이다. 이 과정에서 '해야 할 것'이 분명해지니 자연스럽게 '하지 않아도 될 것' 또한 명확해지게 된다. 이로 인해 '하지 않아도 될 것'에 대한 외부에서의 부탁이나 자극 등에 대해서도 합리적인 'No'의 이유가 명확해진다. 합리적인 이유가 있고, 좋은 톤으로 정중하게 거절하면 부탁을 한 상대방도 대부분은 이해한다. 서운하거나 기분이 상하는 등의 개인적인 반응은 이유도 없는 것 같은데 그냥 거절하는 것 같다고 느낄 때 발생한다. 해야 할 것이 아니라면 합리적 이유를 가지고 정중하게 거절해라.

그렇게 우리의 목표를 달성하는 데 있어 하지 않아도 될 대부분(80%)의 것들을 지워나가며 우리는 우리의 목표를 단순 명확한 것으로서 더욱 분명히 할 수 있게 된다.

근본적인 상위 문제 해결에 집중하기

당신이 앞의 내용들을 자신의 일에 적용해 보았다면 당신의 목표는 보다 분명해지고, 수많아 보였던 당신의 할 일(To-do)들이 제법 단순해졌음을 발견할 수 있을 것이다. 여기서 우리의 집중의 힘을 한 단계 더욱 업그레이드시켜 보자. 바로 '근본적인 상위 문제 해결'에 집중하는 것이다. 이것은 바로 이 질문에 대한 답이다.

"이 모든 문제를 한 번에 해결하는 해결책은 무엇인가?"
"무엇이 이 모든 문제를 해결할 수 있는 근본적인 해결책인가?"

즉, 여러 가지 문제가 산적해 있지만 그 하나의 일을 해결함으로써 나머지 문제들이 다 해결되어져 버리는 근본 해결책, 가장 중요한 그것을 찾아 집중하는 것이다. 이러한 접근은 우리가 가지고 있는 복잡해 보이던 문제들을 더욱 단순하게 만들어주고, 더 높은 레벨에서의 근본적인 해결책이 무엇인지 파악할 수 있도록, 우리에게 숲을 볼 수 있는 더 큰 관점을 제공해준다. 자세히 들여다보면 많은 경우 중요한 일로서 우리의 해야 할 일의 목록엔 여전히 남아 있지만 더 중요한 근본 문제를 해결함으로써 자동적으로 해결되어지는 종속적인 성격의 문제들이 분명히 있다. 이것들을 하지 않게 되는 것이다.

결과적으로 우리는 모르고 했더라면 사용해 버렸을 우리의 시간과 에너지를 절약하게 되고, 우리는 그 에너지와 시간을 더 중요한 것에 쏟아부을 수 있게 된다. 그러면 그 중요한 것은 더 많은 시간과 에너지의 투입을 통해 더 좋은 결과를 갖게 된다. 나는 이 방식을 통해 내가 해야 할 일, 나의 목표를 단순화하고, 명확하게 만든다. 목표가 단순 명확해지면, 요구되는 나의 행동 또한 명확해진다. 그리고 많은 것들을 지워나가며 내가 해야만 하는 것으로서 남아 있는 해당 목표에 쏟아부을 수 있는 더 많은 시간과 에너지를 갖게 된다. 자연히 우리는 우리의 목표를 더 쉽게 달성할 수 있는 조건에 놓이게 된다.

타임라인

지금까지 우리는 어떻게 하면 더 목표를 단순, 명확하게 만들 수 있는지에 대해서 살펴봤다. 목표에 있어 그에 못지않게 중요한 것이 있다. 바로 명확한 타임라인이다. 모든 목표는 구체적 기한이 있어야 한다. 그렇지 않으면 목표가 아닌 언젠가 해도 상관없는 머나먼 모호한 계획이 될 뿐이다. 구체적인 타임라인을 정하라. 그래야 목표가 생명력을 갖는다.

단순히 주어진 목표에 갇히지 마라

또 한 가지 얘기해 보고 싶은 것은 '자신에게 주어진 것을 처리하는 것'만을 목표의 범위로 생각해선 안 된다는 것이다. 예를 들면 당신이 경제적 문제를 가지고 있고, 그것을 해결하는 것이 자신이 원하는 현재의 가장 중요한 목표라고 하자. 현재 당신은 어찌저찌 회사를 다니고 있고 회사에서의 승진이 모든 것을 해결해 줄 것이라고 믿으며 일에만 몰두하고 있다. 그리고 실제로 그것을 한두 번 이루어냈다. 그것이 당신의 경제적 자유를 이루어줄까? 물론 월급을 통한 현금채굴을 늘려나가는 것이 당신이 원하는 경제적 자유에 도움을 줄 수는 있을 것이다. 하지만 이 경우 아무런 계획 없이 단순히 월급을 올리기만 하면 원하는 경제적 자유를 이룰 수 있다고 생각하는 것은 너무 안일한 생각이다. 그것이 너무나 자명한데도 사람들은 주체적으로 생각하지 않고, 자신에게 주어진 상황 속에서 주어진 것에만 몰두하다가 자신이 진정으로 원하는 것, 그것을 위해 무엇을 해야 하는지에 관해서는 아예 생각조차 하지 못하게 되는 상태가 되곤 한다. 그럴 경우 '언젠가 기적적으로 연봉이 많이 오르거나 좋은 일이 생겨서 경제적 자유를 이룰 수 있겠지'라는 환상 속에서 실제로는 월급 조금 더 벌고, 조금 더 쓰기를 반복하며 다람쥐 쳇바퀴 돌기만을 반복할 뿐이다. 여기서 한 걸음 나와 자신이 지금 진정으로 원하는 목표를 달성할 수 있는 것을 위한 하위 목표를 세우고, 그것을 실행하며 살고 있는 것인지, 말로만 그것을 원한다고 하고 있는 것은 아닌지 솔직하게 자신을 돌아봐야 한다. 그 목표는 모두에게 있어 각각 다를 것이고, 그에 따라 '지금 해야 할 일', '지금의 목표'는 누군가에게는 회사 생활일 수도 있고, 사업일 수도 있고, 유튜브일 수도 있고, 자산에 대한 공부와 적극적인 투자일 수도 있고, 또 다른 무언가일 수도 있다. 여기서 말하고 싶은 것은, 자신이 실제로 '진정 원하는 것'과 그것을 위한 '지금의 목표와 행동'의 방향이 일치하는지를 바라보는 것은 때로는 현재의 주어진 일과 목표의 범위 밖에서 봐야 가능하다는 것이다.

청소하고, 환경 만들기

다시 강조하지만 단지 아는 것과 하는 것은 엄연히 다르다. 목표에 관한 지금까지의 내용을 함께하면서 당신의 머릿속은 진짜 중요한 무언가에 가까워지고 있을 것이다. 우리는 이것을 행동으로 옮겨야 한다. 앞서 '무의식의 힘'에서 당신이 원하는 것으로 당신의 환경을 가득 채우는 것의 중요성을 살펴보았다. 지금까지의 과정을 통해 단순 명확해진 당신의 목표에도 그것을 그대로 적용하면 된다. 앞서 목표를 명확히 하는 과정과 같은 맥락으로 실제 물리적인 당신의 환경을 청소하는 것 또한 매우 중요하다. 무의식의 힘에서 봐왔듯 눈에 보이면 우리의 무의식은 우리 주위의 정보들을 자동적으로 처리하게 되고, 우리는 어떤 식으로든 그것에 반응하게 된다. 당신의 책상에서 당신의 진짜 중요한 목표와 멀어지게 하는 것들을 모두 치우고, 당신에게 중요한 것들, 중요한 목표만을 당신의 눈에 보이게 하자.

1. 청소를 통해 방해되는 요소들을 깨끗이 정리한다.

2. 나의 책상과 모든 환경이 목표를 상기시키고, 목표에 맞

는 행동을 하는 데 도움이 되도록 세팅한다.

3. 쓰는 것의 힘은 강력하다. 써라. 그리고 눈에 보이는 곳에 둬라. 나는 오늘 내가 달성할 일(끝내야 할 일) 최대 세 가지를 적어 놓는다.

4. 나는 스스로에게 소리 내어 말하기도 한다. "나는 오늘 6시 전에 이러이러한 문제를 해결한다"라고. 한번 해보라. 얼마나 강력한지 경험할 것이다.

5. 자투리 시간 Tip: 이동 중 또는 시간이 남게 되는 때(약속이 미뤄졌다거나)를 이용하자. 이때, 어떤 유튜브 채널을 본다든지, 메일을 확인한다든지, 어떤 글을 읽는다든지 등의 처리하거나 참고할 필요는 있는데 우선순위가 높지 않고, 짧은 호흡으로 해결 가능한 것들을 해결하고, 소화할 수 있도록 미리 준비시켜 놓는다. 모든 시간을 아무리 계획적이고, 치밀하게 관리한다고 해도, 이동이나 예상치 못한 상황에 의해 시간이 비게 되는 경우는 일상에서 충분히 발생하기 마련이고 그러한 시간을 가볍게 생각하고, 어떻게 활용할지 미리 생각해놓지 않으면 쓸데없는 것들을 보다가 그 시간을 낭비하고, 소모하게 되는 경우가 많다. 그러고 니서 '아, 이때 이걸 확인

할 걸' 하고 후회하게 된다. 사전에 이런 사이 시간들에 접근할 만한 것들을 미리 메모해두고, 분류해두면 그런 상황이 됐을 때 즉각 실행하고 처리할 수 있게 된다. 자투리 시간조차도 트리거가 되는 환경을 미리 조성해두고 스마트하게 사용하는 것이다. 작은 것이 쌓여서 큰 차이를 만든다. 시간의 단위를 쪼개고, 그에 맞는 것들을 해낼 수 있는 시간과 환경을 세팅해둬라.

변명 없는 즉각 실행

많은 고민과 확인의 시간을 통해 설정된 목표와 해야 할 일은 실행의 순간이 되면 즉각 실행한다. 막상 실행의 순간 이런 이유, 저런 이유들이 안에서 자연스럽게 고개를 들면 대부분은 무시하고 원래 정한 것을 실행하면 된다. 예를 들면 모든 좋은 이유를 취합해서 매일 새벽 4시 기상을 실천하기로 했다. 그런데 막상 4시에 알람을 듣고 눈을 뜨니 많은 생각이 든다. '뭐야, 왜 이렇게 컴컴하지? 10분만 더 잘까?', '4시에 일어나서 뭐해? 좀만 더 자고 5시에 일어나도 충분할듯', '나중에 졸리면 비효율적이니까 한 30분만 더 자는게 오히려 더 효율적이지 않을까?' 지금에 와서 난 이런 생각이 들라치면 단번에 무시하고, 원래의 계획을 실행에 옮긴다. 새로운 변화가 불편한 그 감정, 원래의 편안함을 추구하는 그 감정이 나를 유혹하는 것임을 잘 알기 때문이다. 실행에 옮길 때는 변명 없이 즉각 실행에 옮긴다. 물론, 더 나은 조정을 위해 변경이 필요할 때가 있을 수 있지만 적어도 나약한 순간, 불편한 감정 때문에 합리화시키는 것이 그 변경의 이유가 되어선 안 된다.

온전히 그것만 한다

하지 않아도 되는 것을 제거하는 과정에서 제거되지 않았고, 우선순위 등 많은 것을 고려해서 지금 하기로 결정되서 하는 것이라면 결국 그것은 지금 이 순간 가장 중요한 것, 해야 하는 것이 된 것이다. 같은 말이지만 바꿔 말하면 그것은 이미 쓸데없는 것 그냥 대충 끝내면 되는 것이 아니게 된 것이다. 그러므로 최선을 다해 지금 내가 하는 것을 한다. 빨리 대충 끝내면 되는 것과 같이 생각하거나 대충 얼렁뚱땅하지 않는다. 멀티태스킹하지 않고 온전히 집중하고, 몰입한다. 그래서 최대의 결과를 뽑아낸다. 그게 사소한 것일지라도 결정해서 하는 그 순간엔 온전히 집중한다.

외부와의 의도적 차단 또한 도움이 될 수 있다. 예를 들면 30분 동안 책을 읽는데 이 시간엔 무조건 핸드폰 보지 않기 등과 같이 말이다. 우리의 단순 명확해진 목표와 우리를 행동하게 만드는 환경이 자연히 우리의 실행과 집중을 도와줄 것이다. 거기에 더해서 의식적으로, 의도적으로 그것만 더하라. 꿰뚫을 정도의 집중력, 온전한 실행의 힘을 더하라. 우리의 이러한 몰입의 태도와 습관은 우리의 집중력과 능력을 향상시켜준다.

쓰는 순간 일어나는 마법

정말 신기한 것은 명확한 목표를 문장으로 쓰는 순간 막연했던 모든 것들이 분명해지고, 쓰기 전엔 생각지도 못했던 아이디어 또한 샘솟는다는 사실이다(즉각적일 때도 있고, 시간차를 두고 떠오르기도 한다). 모든 것이 마법처럼 저절로 알아서 답을 알려주고 이루어지는 느낌. 그래서 난 내가 원하는 것을 명확히 정하면 펜을 들고 쓴다. 긴급한 상황에선 꼭 쓴다. 이게 시각화 때문인지, 그것을 써놓음으로 인해 기억을 위해 사용하던 뇌의 공간을 비우게 되고, 추가로 생긴 뇌의 능력을 더 자유롭게 사용하기 때문인지 이유는 추후 경험과 지식을 더욱 쌓아나가며 알게 되겠지만 지금 이 시점에서도 분명한 건 이게 동작한다는 사실이다. 한번 써보라. 당신도 알게 될 것이다.

스스로를 돌아봐라

가끔 우리는 목적을 위한 행동의 과정에 있는 동시에 목적을 상실하고 있는 우리 자신을 발견하곤 한다. 예를 들면, 어떤 회의의 목적이 '이번에 출시하는 제품에 대한 가장 좋은 디자인을 찾는 것'이다. 고민 끝에 의견을 공유한다. 이내, 다른 사람으로부터 많은 이들의 공감을 사는 더 합리적인 의견이 나온다. 이때, 자신과 의견이 같지 않다는 이유로 자신의 의견이 무시된 것이라고 감정적으로 반응해서는, 무작정 반대하고, 자신의 의견에 대한 변명, 억지로 찾은 정당성으로 자신을 방어하고, 대변하는 이러한 상황들을 어디선가 본 적이 있을 것이다. 회의 시간은 길어지고, 논점은 흐려진다. 급기야 감정이 격해져 언성이 높아지는 경우도 있다. 쓸데없는 자존심, 오해 때문에 본질, 목적과 완전히 반대로 가게 된 것이다. 그것은 에너지 낭비, 시간 낭비, 본질을 흩트리는 최대의 적이다. 하지만 인간사 옳고 그름만이 전부도 아니고, 스스로를 포함해 모든 동료, 모든 커뮤니케이션이 완벽하지 않기에 이런 일은 빈번하게 발생한다. 하지만 많이 일어난다고 해서 아무래도 괜찮은 것은 아니다. 이런 것을 스스로 인지하고 자신의 의도와 행동이 목표, 본질에서 나온 것이 맞는지를 항상 바라볼 줄 아는 것, 적어도 바라보려고 노력하는 것은 우리의 시간과 에너지를 절약해준다. 이것은 지금 예로 든 타인과의 상황에서도 그렇지만 자기 자신과의 커뮤니케이션, 자신 스스로의 의사 결정에서도 똑같이 적용된다. 항상 스스로를 돌아볼 줄 알아야 한다. 우리는 생각보다 쓸데없는 것, 비본질적인 것에 우리의 시간과 에너지를 낭비하고 있다. 쓸데없는 자존심, 쓸데없는 권위, 쓸데없는 힘 싸움과 같은 것들 말이다. 잘 생각해보라. 자신의 의도와 상관없이 감정적인 것들에 매몰되어 반응하고 있는 당신을 꽤나 자주 발견할 것이다. 훈련을 통해 돌아보고, 조절하는 능력을 갖지 않고서는 우리가 대부분의 상황에서 즉각적 감정에 지배를 받고, 그대로 감정적으로 반응하기 때문이다. 그런 나 자신, 동료를 발견할 때면 현명하고, 유연하게 피해 나가라. 멈출 수 있다면 멈춰라. 말 그대로 비본질적인 것, 쓸데없는 것일 뿐이다. 유사 상황에서 난 스스로에게 이렇게 질문한다.

"지금 나의 모든 행동과 의도는 순수하게 본질에 집중하고 있는가?"

인간의 마음은 끊임없이 무언가를 추구한다

성향에 따라 개인차는 있겠지만, 기본적으로 인간은 어떤 대상을 계속해서 추구하는 경향성을 갖는 것 같다. 그게 본질적 외로움 때문이든, 무엇 때문이든 계속 몰두할 어떤 대상을 찾으려 하고, 찾으면 그것에 계속 집중하려는 경향성을 발견할 수 있다. 가령, 스마트폰을 보다 보니 몇 시간이 훌쩍 지나 있음을 보며 '내가 지금 뭘 한 거지?' 할 때의 우리를 떠올려보자. 명확한 목표가 없으면 우리는 이렇게 주의력과 시간을 허비한다.

그러므로 우리에겐 의지를 통해 선별된, 우리를 긍정적인 방향으로 성장시켜줄 명확한 목표가 필요하다. 우리가 그 단순하고 명확한 대상을 갖게 되는 순간, 그리고 온전히 우리의 에너지를 그곳에 쏟아붓는 순간 우리는 우리가 원하는 것에 가까워지고, 우리가 원하는 것을 이룰 수 있게 된다. 목표를 갖지 않으면 목표를 위한 우리의 그 힘은 더 명확한 목표를 갖는 누군가에게 이끌리고, 소모되어진다. 너무 단순화한 것일 수도 있겠지만 어떻게 보면 인생은 결국 '누가 얼마나 더 명확한 목표를 가지고 있느냐'의 문제일지도 모른다.

목표, 집중의 힘 ➡ 시간의 힘

목표를 효율적으로 관리해 나가면 우리에게 첫 번째로 오는 엄청난 보상은 바로 엄청난 양의 시간이다. 앞서도 언급

했지만 대다수의 사람들이 생각보다 훨씬 더 많은 시간을 낭비하고 있다. 하지만 제대로 쓰기만 한다면 '시간은 누구에게나 똑같이 주어지는 게 아닌 것'이 된다.

시간은 우리의 가장 소중한 자산이다. 이제 이 소중한 시간에 우리는 목표의 효율적 관리를 통해 우리에게 최대 결과를 만들어주는 본질적인 것, '불필요한 것들 제거하기'에서 살아남은 우리의 명확한 목표에 더욱 집중할 수 있게 되고, 그로 인해 이전에는 생각할 수도 없었던 엄청난 양과 높은 퀄리티의 결과를 생각해낼 수 있게 된다. 그렇게 앞에서 나의 선배가 말했던 '거대한 선순환'이 만들어지게 되는 것이다.

우리가 우리의 가장 중요한 자산인 시간을 가장 귀하게 다루고, 효율적으로 사용할 때, 우리는 쫓기지 않는, 더욱 편안한 상태, 더 나은 상태, 더욱 발전적이고, 긍정적인 상태에서 우리의 최대 능력을 발휘할 수 있게 된다. 그러므로 목표, 집중의 효율적 관리는 시간의 효율적 관리이고, 시간의 효율적 관리는 긍정의 스위치를 켜는 데 있어, 긍정의 상태에 나를 놓는 데 있어 필수 요소가 된다.

또한 이렇게 자신의 의지에서 나온 단순, 명확한 목표,

그 생생한 목표가 자신의 하루를 이끌게 되면 그 사람의 하루 하루는 활기가 넘치게 된다. 주체적으로 삶을 살아감이 살아 숨 쉬는 생명력을 선물하기 때문이다.

나는 위의 내용들을 적용하면서 타임라인을 넘기거나 해결하지 못한 문제가 없다. 그리고 이것은 업무에만 국한되지 않는다. 관계, 일상, 취미, 인생 전체, 어떤 것에도 적용 가능하다. 우리의 모든 것이 보다 단순해지고, 일관성을 갖게 되며, 내가 원하는 것과 나의 행동의 일치를 더욱 쉽게 달성할 수 있게 된다. 자연히 우리는 우리가 원하는 것에 가까워지게 된다.

1 할 수 없는 것을 지운다. 지금 할 수 있는 것, 지금 할 필요가 없는 것을 구분한다. 후자는 캘린더를 사용해서 해야 할 때에 놓치지 않게만 잘 관리한다.

2 No 오지랖. 중요하지 않은 것은 지운다. 거절이 필요하면 합리적인 이유와 함께 정중하게 거절하라.

3 No 멀티태스킹. 멀티태스킹이란 것은 존재하지 않는다. 전환의 에너지를 소모하지 말고, 한 번에 한 가지에 집중하라.

4 20/80 파레토 법칙을 기억하자. 우리에게 핵심 결과를 가져다주는 소수의 핵심 요소를 파악한다. 나머지는 지워라.

5 중요한 것들 중, 본질적 문제. 그것을 해결하면 나머지가 다 해결되는 한 가지가 있는지 큰 관점으로 바라보고 그 근본적인 상위 문제 해결책에 집중한다.

6 타임라인이 목표에 생명력을 불어넣는다. 구체적인 타임라인을 세워라.

7 청소로 불필요한 것들은 비워내고, 온전히 목표에 집중된, 목표를 상기시키고, 그것을 실행하게 하는 환경을 조성하라.

8 실행의 순간엔 변명 없이 즉각 실행한다.

9 자신의 결정에 의해 무언가를 지금 해야 할 것으로서 하고 있다면 온전히 그것을 한다. 그게 사소한 것이든 어떤 것이든 그것에 온전히 집중한다.

10 목표를 써라. 놀라운 경험을 하게 될 것이다.

11 목표에서 벗어나는 것 같다는 생각이 들면 "나의 모든 행동과 의도가 순수하게 본질에 집중하고 있는가?" 바라보고, 질문하라.

12 인간의 마음은 끊임없이 무언가를 추구한다. 그 강력한 힘을 우리를 성장시켜주는 우리의 목표에 집중시켜라.

13 목표의 관리는 시간의 관리고, 더 많은 시간은 여유와 편안한 상태로 연결된다. 목표와 시간 관리는 더 나은 상태에 필수 요소다.

절제의 힘

2020년 겨울, 의석이와 아침 일찍 청계산을 오르며 이런 질문을 한 적이 있다.

"왜 아침에 일찍 일어날수록, 찬물 샤워를 할수록, 술을 자제할수록 더 좋은 일이 생길까?"

그때의 나 자신의 답은 '마음가짐' 때문이었다(유튜브 채널 '퍼블릭 사운드', '34살 비전공 개발자 합격, 회사를 만나다' 영상에 그 순간이 고스란히 담겨져 있다).

긍정의 스위치를 켜라

그리고 1년 반쯤이 지난 2022년 여름, 미즈노 남보쿠의 《절제의 성공학》이라는 책을 만났다. 나에겐 그 내용들이 위의 나의 질문에 대한 구체적인 답으로서 다가왔다. 앞 장에서 우리는 하루하루, 우리의 삶 전체를 이끄는 목적을 단순 명확하게 만드는 과정을 통해 '하지 말아야 할 것을 하지 않는 것'의 중요함에 대해 살펴보았다. 그리고 그것은 '절제'라는 단어의 뜻과도 같다. '목적의 힘'에서 우리는 하지 않아야 할 것을 하지 않음으로 얻게 되는 우리의 소중한 시간과 에너지에 대해서 살펴보았는데, 그것을 넘어서는 '하지 않음'에 대한 또 다른 중요하고, 강력한 힘이 《절제의 성공학》에 담겨 있다. 나는 그 힘을 더욱 이해하는 과정을 통해 절제하고, 본능적 감정을 역행하는 내가 행하는 모든 의식적 노력에 대해 더 강한 동기를 부여할 수 있었다.

"쾌락을 성공과 바꿀 때 크게 성공할 수 있습니다."

이 하나의 문장은 우리로 하여금 많은 생각을 하게 한다. 우리가 앞서 살펴봤던 무의식에 남아 있는 의식과 불일치하는 감정, 부정성 편향과 같은 본능 등은 우리 안에서 우리를 컨트롤하고 있고, 그 자동적 반응을 역행하는 일은 결코 쉬운 일이 아니다. 그렇기 때문에 그것을 해내는 사람이 소수인 것이고, 성공한 사람이 소수인 것이다. 본능대로, 올라오는 감정대로, 즉, '생각하게 되는 대로', '생각나는 대로' 사는 것이 아니라 우리가 우리의 단순 명확한 목표를 가지고 '생각하는 대로' 삶을 살게 될 때, 우리는 우리가 원하는 방향으로의 진정한 성장을 이루고, 성공에 가까워지게 된다.

결국, 그 모든 것들을 단순화해서 말하면 절제력이 있어야 성공할 수 있다는 말이 된다.

인간의 3대 욕구는 식욕, 수면욕, 성욕이다. 가장 강력한 이 욕구들을 다스릴 수 있다면 나를 다스릴 수 있을 것이고, 나를 다스린다는 것은 내가 해야 하는 행동을 하고, 하지 않아야 할 행동은 하지 않을 수 있다는 말이다. 술 마시고, 놀고 싶은 마음을 자제하고, 당장 내가 읽어야 할 책을 읽고, 행해야 할 행동을 행하며 하루하루를 살아갈 수 있다면, 나에게 좋은 것을 알고 그것을 그대로 행할 수 있다면 성공에 가까워지는 것은 당연한 것이 아닐까?

이번 장에서는 《절제의 성공학》*에서 나에게 울림을 줬던 부분, 나의 의식적 의지에 엄청난 힘을 불어넣어 줬던 부분들을 같이 읽어보고자 한다. 당신의 의지도 나와 같이 불타오르게 될 것이다.

운이라는 것은 기에 따라 움직입니다. 그래서 운명을 운기라고 부르기도 합니다. 세상 천지의 기 흐름이 좋으면 세상이 건전해지는 것이고, 내 몸의 기 흐름이 좋으면 운명이 반듯해집니다. 해가 뜬 이후에 일어나는 사람은 아무리 관상이 좋아도 운명이 온전하게 돌아가지 못합니다. 해가 솟아오를 때의 기운은 성공의 기운이며, 그 기운을 받지 못하면 온몸의 기가 제대로 돌지 못합니다. 그래서 아침에 늦게 일어나는 사람들은 건강이 좋지 못한 것입니다. 아침에 태양의 기운을 받지 못하며 하늘로부터 받고 태어난 원기가 약해지고, 마음도 옳지 못한 곳에 머물게 됩니다. 아침에 일찍 일어나는 사람과 늦게 일어나는 사람의 정신상태 또한 같을 수 없습니다.

—《절제의 성공학》 중에서

나는 2022년 7월부터 4시 기상을 시작하였다. 왜 하필 4시로 정했냐고 묻는다면 아침 업무를 시작하기 전에 나의 하루 루틴을 다 마무리하도록 시간을 짜다 보니 그렇게 되었다. 처음엔 익숙하지 않은 그 시간이 낯설게 느껴졌다. 하지만 새벽에 일어나기 시작한 뒤에 느낀 장점들을 경험한 뒤 나는 이제 새벽에 일어나는 것이 기분 좋게 느껴진다.

우리가 말한 바와 같이 무리하지 않고 지속할 수 있도록 계획을 잘 세우고, 처음 66일(습관을 만드는 시간)만 익숙하지 않고, 불편해도 꾸준히 해내면 습관으로 만들 수 있다. 내가 느낀 일찍 일어나는 것의 장점은 이렇다.

시간의 질, 성취감

사실 보통의 우리는 업무를 마치고 집에 돌아오면 녹초가 되곤 한다. 샤워 후 상쾌하고 나른한 상태가 되면 쉬고 싶다. 맥주를 한잔 마시고 휴대폰이나 넷플릭스를 보다가 느지막히 잠드는 것이 보통의 모습이다. 물론 그 시간도 잘 관리해서 사용하면 되겠지만 시간의 질의 측면에서 아침과는 많은 차이가 있다. 아침에 생생하게 깨어나 이제 에너지를 쓸 준비가 된 몸을 온전히 나에게 가장 중요한 것을 하는 데에 사용하면 실제 효율성도 높을뿐더러 성취감도 더욱 높아진다. 같은 두 시간이더라도 아침 시작에 갖는 두 시간과 퇴근 후 갖는 두 시간은 질적으로 다르다.

아침을 이기면 하루를 이긴다

'시작이 반이다'라는 격언은 우리의 하루에도 그대로 적용된다. 나는 일어나자마자 이불부터 갠다. 이 사소한 습관이 나로 하여금 하루를 성공으로 시작하게 한다. 내가 정한 것을 성공적으로 수행했기 때문이다. 잘 정돈된 이불은 내가 하루를 마치고 돌아왔을 때에도 아침에 이루었던 나의 자기 규율과 성공을 기억하게 한다. 기상 후 난 바로 '무의식의 힘'에서 얘기했던 나의 명상과 호흡으로 하루의 시작을 채운다. 나의 무의식, 청각, 시각 모든 감각은 내가 원하는 것, 긍정으로 가득 찬 경험을 하게 되고, 그렇게 감사와 행복감으로 가득 찬 하루를 열게 된다.

그리고 오전 근무 시작 전 나의 성장을 위한 운동, 공부로 시간을 가득 채우면 나는 주체성, 성취감, 자신감, 의지, 자유로 가득 찬 강력한 상태가 된다. 이후 나의 모든 시간들은 자연스럽게 성공과 성취로 가득 차게 된다. 다시 한번 얘기하지만 '시작이 반이다'. 이렇게 아침을 긍정의 톤과 높은 생산성으로 가득 채우게 되면 하루 전체의 톤은 그 상태를 자연히 따라가게 된다.

차분함

우리 대부분의 부정적인 감정은 조급함, 그 쫓기는 듯한 리듬에서 시작되곤 하는데, 아침에 이렇게 많은 것들을 성취하게 되면 오후 시간 내내 차분함으로 여유로운 마음의 평화를 유지하기 쉽다. 이렇듯 아침 시간을 나 자신을 위해 잘 사용했다는 사실은 우리에게 큰 만족감과 심리적 안정감, 여유를 선물한다. 그 편안한 감정으로 얻게 된 긍정적인 상태로 우리가 마주하는 모든 일과 상황들을 더 좋은 자세로 대할 수 있고, 이를 통해 결국 더 좋은 결과를 이끌어낼 수 있게 된다.

자연의 리듬

일찍 일어나니 자연히 일찍 잠에 들고 싶다. 나는 9시면 침대에 눕는다. 10시 전에 자면 수면의 질이 높아진다. 잠이 드는 것도 훨씬 수월하고, 깊게 든다. 예전에 나는 자기 전 이것저것 쓸데없는 일들을 하다가 11시, 12시가 넘어버리면 '이미 늦었네'라고 생각하고, 빨리 자려는 시도, 의지조차 점점 잃어가는 자포자기의 심정이 되었던 것 같다. 그렇게 핸드폰을 조금만 더 보고 자야지, 조금만 더 하고 자야지 하다가 보통은 새벽 2시가 되어버리는 경우가 다반사였다.

일반적으로 충분한 수면에 대한 기준은 보통 7시간 정도라고 한다. 그런데 이것은 개인마다 편차가 좀 있기도 하고, 그것보다 조금 적게 자더라도 낮잠을 적절히 잘 이용하면 충분히 커버가 된다. 나는 6~7시간을 자고, 점심 먹고 15분 정도를 잔다. 개인적으로 '얼마나 자는가' 만큼 아니, 그 이상으로 중요하다고 생각하는 것이 '언제 자느냐'이다. 이것은 우리의 호르몬 분비와 뇌의 활동과 긴밀하게 연관되어 있다. 아마 한 번쯤은 '멜라토닌'이라는 호르몬을 들어봤을 것이다. 멜라토닌은 수면 리듬을 조절하고 항산화 작용과 노화 방지, 항암

작용, 혈압 및 스트레스 감소, 면역력 증대에 도움을 주는데 이 멜라토닌은 광주기(낮과 밤의 길이에 따라 일어나는 반응)에 따라 조절된다. 즉, 해가 뜨면 감소하고, 해가 지면 상승한다. 골든타임(밤 10시~새벽 2시)이 되면 몸의 신진대사나 활동성 호르몬의 기능은 최저 상태에 이르게 되고, 멜라토닌의 분비를 더욱 촉진시켜 가장 깊은 잠에 들게 된다. 그래서 밤낮이 바뀌게 되면 아무리 낮에 암막커튼 등으로 환경을 조성하고 잔다고 하더라도 밤에 자는 사람보다는 상대적으로 수면의 질이 낮을 수밖에 없다. 생체 리듬이 불규칙적이면 호르몬 분비체계에 혼란을 주기 때문에 좋지 않다. 생체 리듬이 일정하도록 규칙적으로 생활하는 것이 건강에 좋고, 자연의 리듬에 맞춰 일찍 자고 일찍 일어나는 것이 좋다.

나는 성공할 수 있을까? 자신이 성공할 것인가를 알고 싶다면 먼저 식사를 절제하고 이를 매일 엄격히 실행해보면 됩니다. 만약 이것이 쉽다면 반드시 성공할 것이고, 그렇지 않다면 평생 성공할 수 없다고 판단하면 됩니다. 식사를 절제할 수 있는 사람은 모든 것을 절제할 수 있습니다.

—《절제의 성공학》 중에서

식사를 절제하는 것은 마음에 안정을 주고 몸을 보살피는 근본입니다. 그렇기 때문에 스스로 흔들리지 않습니다. 출세가 준비되지 않은 사람은 식사를 절제하려 해도 쉽지 않습니다. 안타까운 것은 이런 사람이 세상에 너무 많다는 것입니다. 그래서 성공하는 사람이 적은 것입니다.

—《절제의 성공학》중에서

소식

식(먹는 것)에 있어서도 이후 나는 미즈노 남보쿠가 말한 복팔부(배가 차는 정도의 80%)를 두 번 적용하여 지금은 이전에 먹던 밥 양의 약 60% 정도만 먹는다. 항상 식을 절제하고, 적게 먹으려고 노력한다. 자연스러운 연결인지는 모르겠으나 개인적으로는 적게 먹으니 몸에 좋은 것을 먹으려고 더 신경 쓰게 되는 것 같다. 적게 먹으니 몸도 가벼워지고, 만성적인 피로도 사라진 느낌이다. 먹을 것을 절제하니, 다른 모든 것들에 대한 절제력, 통제력도 높아진 것 같다. 술도 거의 마시지 않게 되었다. 그러니 오랫동안 달고 살았던 턱살과 뱃살도 빠지게 되고, 얼굴에도 활력과 생기가 넘치게 되었다.

휴식

휴식 또한 절제와 연결된다. 우리는 얼마나 제대로 휴식을 취하고 있는가? 핸드폰 알람과 소모적인 영상을 보며 정작 진짜로 쉬지는 못하고 있지 않은가? 때로는 계속해서 일에 관한 생각을 놓지 않고 쓸데없이 알람을 확인하고 들여다보지 않는가? 휴식은 우리에게 필수적이다. 그게 누군가에게는 밤에 청하는 깊은 잠으로 충분할 수도 있고, 누군가에게는 하루의 모든 일을 마치고서 하는 명상일 수도 있다.

몸에서 휴식을 필요로 하면 충분히 몸의 소리를 듣고 휴식을 취해줘야 한다. 나아가서 몸에서 신호를 보내기 전에 자신에게 맞는 리듬 조절의 시간, 완전한 릴렉스의 시간인 휴식을 갖는 것은 우리의 에너지를 관리하는 데 있어 정말 중요하다. 쉴 때는 절제하고, 완전히 쉬어라. 우리의 몸은 회복이 필요하다. 긴장과 조급함이 아닌, 릴렉스된 편안한 상태에서 우리는 최대 집중과 능력을 발휘할 수 있다. '목표, 집중의 힘'에서 배운 것을 이용하라. 외부의 모든 것에 'No' 하고, 쉴 땐 온전히 쉬어라.

이렇듯 절제와 규칙적인 생활은 또 하나의 긍정의 선순환을 만든다. 쓸데없이 소모되는 시간과 에너지가 없어지니, 내가 해야 할 것에 쏟아부을 수 있는 시간과 에너지가 넘치게 된다. 그 힘을 또 '목표의 힘'을 이용하여 잘 집중시키면 된다.

운이라는 것은 기에 따라 움직입니다. 그래서 운명을 운기라고 부르기도 합니다. 세상 천지의 기 흐름이 좋으면 세상이 건전해지는 것이고, 내 몸의 기 흐름이 좋으면 운명이 반듯해집니다.

—《절제의 성공학》중에서

생각해보면 연기를 하던 시절, 되는 일이 없을 때, 나는 폭음과 폭식을 일삼았다. 일이 안되서 그랬던 건지, 그래서 일이 안되었던 건지 뭐가 우선인지 모르겠지만 이렇게 절제로 몸과 마음을 다스리니 나의 에너지와 정신이 맑아지고, 더 깨끗하게 살아 숨 쉬고 있다는 느낌이 든다. 항상 긍정의 상태,

긍정의 톤에 있게 된다. 좋은 몸 상태와 자신감으로 할 수 있다는 생각이 항상 나와 함께한다.

끊으면 좋은 것들

개인적으로 생각하기에, 그리고 많은 자료와 정보를 통해 분명하게 말할 수 있는 최소화하면 좋은, 가능하면 하지 않는 것이 좋다고 생각하는 것들이 몇 가지 더 있다.

- 술
- 인스턴트 음식, 야식
- 음란물
- 담배
- 도박
- 소셜 플랫폼

이것들은 뇌의 도파민의 작용으로 인해 "더, 더!"를 외치며 중독에 이르게 할 다분한 소지를 가지고 있다. 한마디로 아예 가까이하지 않으면 '끝이 없다'의 영역에 있는 것들이라고 생각한다. 그리고 이것은 우리의 가장 소중한 자산인 시간, 건강, 정기를 앗아간다.

우리의 정기는 우리의 상태를 좌우한다. 우리의 몸에 에너지가 넘치면 우리의 의지는 더욱 긍정적이고, 적극적인 상태에 놓이게 된다. 우리가 이 에너지를 부정적인 것에 낭비되지 않게 잘 보존하면 우리는 그 에너지를 우리가 원하는 긍정적 가치에 온전히 쓸 수 있게 된다. 나는 도박에 빠진 적은 없지만 담배도 하루에 두 갑씩 피웠고, 술도 주 5회씩 마시며 폭음을 하기도 했다. 현재는 나의 정기를 보호하기 위해 술은 필요한 경우에만 절제하여 마시고, 음란한 콘텐츠들은 가까이하지 않는다. 금연한 지는 10년이 되었다. 뭘 하든 피곤하지 않고, 항상 좋은 상태에서 자신감 있고, 정력적으로 임할 수 있게 되었다.

한 가지 더 경험을 통해 배운 것은, 이러한 종류의 "더! 더!"를 외치는 것들은, 당신이 그것을 끊기로 결심했다면 그 순간에 즉시 단숨에 끊어야 한다는 것이다. '이거 하나만 더 피우고 끊어야지' 이런 생각은 통하지 않는다. 그 마지막 한 번이 "더! 더!"에 한 번의 힘을 또 더하기 때문이다. 쉽게 말해서 '마지막 한 번 더'가 그것을 끊는 행위로부터 또 한걸음 더 멀어지게 하고, 그러므로 그 끊는 결심과 행동이 더욱 어려워진다는 말이다. 그러니 이런 것들은 시작하지 않는 것이 좋고, 결심하면 단숨에 끊어야 한다.

우리의 통제자와 실행자인 뇌와 몸을 최고의 컨디션, 좋은 상태에 있게 하는 것은 정말 중요하다. 당신이 수면장애와 잦은 음주로 피로감에 짓눌리던 때를 떠올려보라. 하품이 나오고, 눈이 감기면 당신은 원하는 행동을 수행할 수 없다. 행동하지 못하니 원하는 결과를 얻을 수 없다. 너무나 단순한 이치다.

열쇠는 우리에게 있다

중요한 것은 얼마나 일찍 일어나느냐, 얼마나 적게 먹느냐가 아니다. 절제를 통해 우리의 모든 것이 변화되어질 수 있고, 절제는 우리의 의지로부터 시작되고, 우리의 의지로부터 이루어진다는 것이다. 지금까지 함께 살펴본 우리의 힘들

긍정의 스위치를 켜라

을 이용하여 우리에게 좋은 '절제'를 습관으로 만들어보자. 절제를 통해 우리는 우리가 원하는 마음을 먹게 되고, 행동하게 되고, 우리의 상태는 바뀌게 되고, 우리는 더 좋은 결과를 만들게 될 것이다. 모든 것이 우리의 마음에 달려 있는 것이다.

지금에 와서는 절제가 나의 삶을 통해 하는 기도와 같다는 생각도 든다. 내가 원하는 자유와 행복을 위해 나 스스로를 먼저 다스려야 함을 깨닫고 자연을 향해 나의 행동을 통해서 하는 기도 말이다.

1   일찍 일어나야 성공 운명이 된다. 해가 솟아오를 때의 기운은 성공의 기운이다.

2   시간의 질을 이용하라. 에너지가 생성된 아침에 중요한 일을 먼저 하라.

3   '시작이 반이다'. 아침의 톤이 그날 하루 전체의 톤을 결정한다.

4   아침을 생산성 있게 채우면, 나머지 하루에 대한 심리적 여유가 생기고, 그 여유는 우리에게 더 많은 에너지를 선물한다.

5   '언제 자느냐'는 중요하다. 개인적으로는 자연의 리듬에 맞춰진 루틴을 추천한다.

6   소식의 힘을 경험해보라.

7   절제함으로 우리에게 필수적인 휴식 또한 효율적으로 충분히 가져야 한다.

8   담배, 인스턴트 음식, 술, 음란물은 우리의 건강과 정기를 소모시키며, 계속해서 "더 많이!"를 외친다. 가능한 한 애초에 멀리하는 것이 좋고, 끊기로 결심했다면 그 즉시 끊는 것이 좋다. '마지막 한 번만 더'는 통하지 않는다.

9   절제를 통한 더 나은 몸 상태는 중요하다. 피곤하면 무기력해지고

만사가 귀찮고, 하기 싫다. 행동이 멀어지니 결과도 멀어진다. 이것만 봐도 너무나 자명한 사실이다.

10 열쇠는 우리에게 있다. 절제는 우리의 의지로부터 시작된다는 말이다. 지금까지 함께 살펴본 힘을 이용하여 우리에게 좋은 '절제'를 우리의 강력한 습관으로 만들어보자.

* 《절제의 성공학》, 미즈노 남보쿠 지음, 류건 편역, 바람, 개정증보판, 2022년

PART 3

긍정의 스위치

마주하는 모든 순간을
긍정으로 전환시키다

자연히 따라오는
7단계 긍정 플로우

"두 마리 생쥐가 크림 통에 빠졌습니다. 첫 번째 쥐는 바로 포기했고 크림에 빠져 죽었지요. 하지만 두 번째 쥐는 포기하지 않았습니다. 죽도록 몸부림쳤고, 휘젓고, 휘저어 결국 크림을 버터로 바꿔버렸습니다. 그러고는 딱딱해진 버터를 밟고 빠져나왔죠. 여러분, 제가 바로 두 번째 생쥐입니다."

— 영화 〈캐치 미 이프 유 캔〉 중에서

지금까지 내 안의 긍정의 스위치를 켜기 위한 최고의 '상태', 그것을 위한 지속적 개선의 '8가지 힘'을 알아보았다. 그 각각에 대한 이유(Why)와 방법(How-to)에 대해 자세히 알아보았는데, 그 힘이 왜 필요하고, 왜 중요한지에 대한 이유와 그것이 어떻게 동작하는지에 대한 방법을 함께 이해하는 것이 우리에게 실행에 대한 더 큰 동력과 지속력을 더해주기 때문이다. 우리가 지속적으로 매일의 삶에서 강화시켜 나갈 이 힘들은 우리 자신과 타인에 대한 이해, 우리를 둘러싼 환경에 대한 이해, 올바른 방향과 성장을 위한 자기 규율(Self-discipline)을 통해 우리 스스로를 최고의 '상태'로 운영하는 데 강력한 그 힘을 발휘하게 될 것이다. 그리고 그것은 우리가 마주하는 모든 순간에서 긍정의 스위치를 켜는데 우리를 철저히 준비시키고, 완전히 서포트하게 될 것이다.

　　이제 우리는 자연히 다음 질문으로 넘어가게 된다. 그렇다면 우리는 왜(Why) 긍정의 스위치를 켜야하는가? 우리가 지금까지 논의한 모든 힘들이 향하는 그것, 긍정의 스위치를 켜는 것이 도대체 왜, 어떤 이유에서 우리에게 필요하고, 중요한 것인지 같이 알아보자. 다시 한번 우리가 더 근본적인 목적에 대해 더 큰 동력과 지속하는 힘을 얻을 수 있도록 말이다.

잠깐 눈을 감고 상상해보자. 두 명의 정말 똑같은 조건의 사람이 농구공을 들고 코트 위에 서 있다. 그리고 당신은 돈 1,000만 원을 둘 중 한 사람에게 걸어야 한다. 둘 중 한 사람에게는 무조건 걸어야 하고, 이기면 100배로 돌아와 당신의 1,000만 원은 10억이 된다. 지면 아무것도 없다. 그냥 1,000만 원을 잃는 것이다. 두 사람은 일란성 쌍둥이로 외모도 완전히 똑같다. 다만, 한 사람은 침착하고 겸손하면서도 자신감에 넘치는 자세와 표정을 짓고 있다. 그의 호흡은 차분하고, 눈빛은 안정적이고, 강렬하다. 또 한 사람은 풀이 죽은 표정의 마치 이미 진 것과 같은 표정과 자세, 자신이 없어 보이는 듯한 상태로 자리에 서 있다.

"당신은 1,000만 원을 누구에게 베팅하겠는가?"

물론, 자신감이 넘치는 사람일 것이다. 우리는 주저함이 없고, 확고함에 찬 사람들을 더욱 신뢰한다. 자신의 성패가 걸려 있을 때는 더욱 그러하다. 그들이 더 좋은 결과를 만들어 낼 것을 경험을 통해, 본능을 통해 알고 있기 때문이다. 당신은 자신감이 없고, 항상 풀이죽어 있는 모습의 위대한 업적을 성취한 리더를 본 적이 있는가? 나는 없다. 백번 양보해서, 그런 자세의 영웅을 상상할 수 있는가? 대답은 역시나 마찬가지일 것이다.

인생은 가능성의 영역이다. 인생에 보장된 것은 없다. 우리는 우리가 알 수 없는 미래에 대해 선택을 통해 베팅을 해야 하고, 그 선택이 우리가 원하는 바 대로 이루어지도록 그 가능성을 최대로 끌어올리기 위해 우리가 할 수 있는 영역에서 최선을 다해야 한다. 그리고 우리는 좋은 감정 상태에서 자신감을 가지고, 온전히 집중하여 최선을 다할 때, 그 가능성을 한 단계 두 단계 끌어올릴 수 있게 된다. 이것은 플로우와 같이 흐른다. 좋은 감정이 좋은 상태를, 좋은 상태가 좋은 행동, 더 나은 행동을, 더 나은 행동이 더 나은 결과를 만든다. 그 결과들이 우리의 시간에 축적되어 가며 우리는 우리가 원하는 것들에 점점 가까워지고, 우리가 원하는 것들을 하나하나 이뤄나가게 된다.

그 플로우를 좀 더 보기 쉽게 정리하면 아래와 같다.

긍정의 스위치를 켜라

7단계 긍정 플로우

1. 긍정의 스위치를 통한 전환

2. 편안하고, 자신감 있는 긍정적 감정 상태

3. 최고의 집중

4. 최고의 선택

5. 최고의 행동

6. 최고의 과정

7. 최고의 결과

첫 번째 단계, 우리가 해야 할 일은 바로 그 스위치를 켜는 일이다. 그리고 그 전환을 통해 우리가 긍정의 상태에 있게 되면 7단계 긍정 플로우의 다음 스텝들은 자연히 따라오게 된다. 앞의 장까지 우리는 긍정의 스위치를 켜기 위해 우리가 지속적으로 개선하고, 습관화해야 할 8가지 힘을 각각의 중요성과 동작 원리와 함께 살펴보았다.

긍정의 스위치를 위한 8가지 힘 = 긍정의 '상태' 컨디셔닝

1. 솔직함의 힘

2. 마주하는 것의 힘

3. 운동의 힘

4. 독서의 힘

5. 무의식, 진짜 마음의 힘

6. 지속의 힘

7. 목표, 집중의 힘

8. 절제의 힘

이제 우리는 그 힘들을 통해 우리가 마주하는 모든 순간
에서 스위치를 켜기만 하면 된다. 그 스위치는 바로 '인식의
전환'을 의미한다.

긍정의 스위치를 켜라

관점, 인식의 전환

"인간은 원래 자기 자신이 원하는 모든 것을 갖고 있다. 단지 누가 긍정의 힘을 통해 원하는 것을 깨닫고, 발견하고, 보고, 믿느냐 거기서 차이가 발생한다."

우리가 지금까지 초점을 맞춰 온 것은 결국 더 나은 '상태', 우리의 최고의 상태로 집중된다. 그리고 그 상태는 긍정적인 감정에서 시작된다고 하였다. 그리고 그 긍정의 감정의 시작은 '인식의 전환'에 있다. 일단 우리는 이것을 인정해야 한다. 새옹지마, 세상 어떤 것에도 절대적으로 내재된, 정해진 의미는 없다. 모든 것은 상대적이고, 어떻게 바라보느냐에 따라 달라진다. 똑같은 물 반 컵이 누군가에게는 '물이 반밖에 안 남은 잔'이 되고, 또 누군가에게는 '물이 반이나 남아 있는 잔'이 된다. 두 사람 모두에게 있어 컵에 물이 반씩 담겨 있다는 사실은 똑같다. 하지만 그 두 사람 중 누가 그 물 반 컵을 옆에 두고 더 안정적인 마음으로 남은 시간을 보낼 수 있을까? "물이 반이나 남았네"라고 생각하는 사람일 것이다.

결국 우리가 무언가를 어떤 관점으로 바라보고 어떻게 인식하느냐에 따라 모든 것은 각각의 의미를 갖게 된다. 당신은 과거에 맹렬하게 정말 그거 아니면 안 된다고 매달렸지만 결국 진행되지 않았던 어떤 일이, 지나고 돌아보니 진행되지 않았음으로 인해 정말 큰 행운이었던 경우를 경험해 보지 않았는가? 그만큼 모든 것은 관점의 차이에서 완전히 다르게 인식될 수 있다. 모든 좋은 행동과 결과는 우리의 편안하고, 자신감 있는 긍정적인 상태에서 시작하고, 긍정적인 상태는 긍정적인 감정에서 시작한다고 하였다. 그렇다 우리는 우리의 인식을 능성의 스위치로 전환하여 우리가 긍정적인 감정, 상

긍정의 스위치를 켜라

태에 있도록 하면 되는 것이다.

　　인생에서 최대의 결과를 만들고, 성공에 다가가는 비밀
은 결국 우리 스스로가 마주하는 모든 경험들을 계속해서 우
리를 돕는 방향으로 인식하고, 사용하는 것이다. 이러한 인식
에 대한 선택의 지속적인 습관은 우리의 지배적 인식의 방식
으로 자리 잡게 되고, 그것이 만들어내는 지속적인 감정은 우
리의 지배적 감정으로 자리 잡게 된다. 그 지배적인 감정이
우리의 지배적인 상태를 만들게 되고, 결국 모든 일에 대한
우리의 지배적인 반응으로서 자리 잡게 된다.

　　예를 들어 당신이 중요한 발표를 통해 회의실에 있는 10
명의 사람들을 설득시키고, 가장 합리적인 합의를 이끌어내
야 하는 목적을 가지고 있다고 해보자. 당신이 만약 그 방의
모든 사람들을 당신의 의견에 반대할 사람들이라는 이미지에
가둬두고, 거기서 비롯된 부정적인 감정과 상태를 가지고 그
미팅을 들어간다면 그 미팅은 실패로 끝날 확률이 크다. 당신
의 몸은 방어적인 상태가 되고, 당신의 어조, 태도 또한 당신
도 모르는 사이에 당신이 느끼는 불편함을 담아 더욱 긴장의
상태에 있게 되며 때로는 공격적으로, 때로는 방어적으로, 때
로는 어차피 안 될 거라는 자포자기의 부정적 감정으로 당신

의 모든 제스처와 표현을 전달하게 될 것이다.

반대로 당신이 똑같은 상황을 인식의 전환을 통해 긍정적으로 바라본다면 결과가 어떻게 달라질 수 있을까?

회의 전, 기분 좋은 기대의 감정을 가지고 '무의식의 힘'에서 살펴본 대로 모두가 당신의 의견을 높이 사고, 원활하게 합의가 도출되는 그 '결과로부터 생각하는' 상태에 집중하여 긍정의 감정과 상태로 회의실에 들어간다. 당신의 모든 좋은 표정과 태도, 어조는 당신의 모든 행동과 얼굴에 담길 것이다. 그리고 그들이 설령 처음엔 당신의 기대와 같이 호의적인 입장이 아니었을지라도 당신의 긍정적 톤과 어조, 자신감에 반응하여, 결국 당신은 당신이 원하는 결과를 이끌어낼 수 있을 것이다. 분명한 것은 그 가능성이 높아진다는 것이다. 당신은 그 긍정의 상태, 기분 좋은 자신감의 상태를 통해 회의 전, 도입부에 필요한 좋은 느낌의 음악이나 약간의 유머가 섞인 내용으로 분위기를 전환시킬 수 있는 좋은 아이디어를 떠올려 회의에 사용할 수도 있을 것이다.

결국, 이 모든 차이는 단 하나, 우리의 인식의 차이에서 시작되었다. 우리가 상황을 긍정적으로 인식하게 되니, 좋은

긍정의 스위치를 켜라

감정으로 마음이 열리게 되고, 마음이 열리게 되니 우리에게 도움이 되는 아이디어를 떠올리게 되고, 결국 긍정의 상태에서 자신감을 가지고 그것들을 실행하게 되었다. 이를 통해 우리는 우리가 원하는 결과를 향한 가능성을 더욱 높일 수 있게 되었다. 우리가 우리의 지속적 개선의 노력으로 8가지 힘을 통해 우리 스스로를 지속적으로 컨디셔닝 해왔다면 든든한 지원군인 그 강력한 힘을 통해 우리는 이 전환을 좀 더 쉽게, 더 좋은 방법으로 실행할 수 있을 것이다. 앞서 회의에 들어가기 전 '무의식의 힘'을 사용한 것과 같이 말이다. 이미 지나간 과거와 실패, 마주하는 모든 실패의 경험 또한 인식의 전환으로부터 예외가 되지 않는다.

우리가 실패를 '우리로 하여금 더 큰 발전을 하게 해주는 배움의 대상'으로 재인식하는 순간 우리는 완전히 다른 시각과 감정으로 우리의 모든 시간과 경험, 현재인 지금 이 순간을 바라보게 된다. 사업적 아이디어 또한 예외가 아니다. 누군가에게는 쓸모없던 무언가에서 혹은 불가능이라고 인식되어지던 무언가에서 인식의 전환, 새로운 시각을 통해 대박 아이템, 인류에게 도움이 되는 발명품을 발견하고, 만들어내는 창조자들을 우리는 수없이 봐왔다. 이와 같이 우리는 우리의 창의성을 이용하여 어떤 것이든 우리가 원하는 방식, 우리에게 도움이 되는 방식으로 인식하고, 만들어낼 수 있다. 모든 것은 이렇듯 긍정적 인식에서 시작된다. 여기서 자연스럽게 또 한 가지 질문이 떠오른다.

"그래서 어떻게? 좀 더 구체적으로 어떻게 우리가 마주하는 그 모든 순간에서 우리의 인식을 긍정으로 전환시킬 수 있는가?"

긍정의 스위치를 켜라

즉각적 반응 컨트롤: 몸의 변화, 긍정적 감정의 경험

우리는 앞서 살펴본 예와 우리의 경험을 통해 알고 있다. 우리가 스트레스와 부정적인 상태에 있을 때, 우리는 최대 능력을 발휘할 가능성을 감소시킨다. 우리가 안 될 거라고 생각하고, 자신이 만든 부정적인 결과와 실수에 집중할수록 우리는 최고의 결과에서 점점 더 멀어지게 된다. 인간은 자신이 인식하는 자신의 능력 그 이상을 절대로 발휘할 수 없다. 자신이 설정하고, 믿는 자신의 능력이 자신의 최대 능력이다. 결국, 우리의 최대 능력을 발휘하고, 최대 결과를 만들기 위해 우리의 가능성을 믿고, 긍정적인 감정으로 긍정의 상태에 있어야 한다.

이 전환을 위해 우리가 '즉각적'으로 할 수 있는 두 가지 방법을 앞서 살펴본 8가지 힘과 연결시켜 살펴보자.

1. 몸의 변화: 몸의 상태와 호흡을 의도적으로 변화시키기

2. 긍정적 감정의 경험, 감사의 감정을 생생하게 느끼기

인식의 전환 또한 우리 자신의 결정이고, 판단이며, 행동이다. 그리고 우리는 긍정적 감정에 있을 때 우리가 원하는 것을 가장 잘 수행하고, 실행할 수 있다. 대부분의 사람들은 이것을 이렇게 해석할 것이다. "뭐? 몸의 상태와 호흡? 긍정적 감정? 감사의 감정? 결국 현실에 안주하라는 얘기 아냐?" 당신이 만약 현재에 안주하고, 만족함으로 지속적으로 행복하고, 더는 바랄 게 없다면 나는 그렇게 살아도 무방하다고 생각한다. 하지만 그 만족이 이후 변화하는 현실의 많은 상황 속에서 지속되지 못할 것이라면 그건 아무 의미가 없을 것이다.

여기서 말하는 지금 내가 가진 것에 집중하고, 감사하는 마음을 갖는 것이 현재에 안주하고, 다음 목표, 무언가를 원하는 상태에 모순되거나, 그것을 포기해야 하는 것을 의미하는 것은 아니다. '지금'이라는 것 또한 당신이 자동적으로 생각하는 현재에 국한되는 것이 아니다. 우리가 '무의식의 힘'에서 다뤘듯이 우리는 우리가 원하는 결과로부터 생각하고, 그 감사의 감정을 생생하게 느낌으로써 그 결과를 '지금'으로 가져올 수 있다. 결국 우리가 여기서 얻고자 하는 것은 우리의 최고의 결과를 이끌어낼 수 있는 가장 최고의 긍정적인 상태에 어떻게 '즉각적'으로 들어가느냐 하는 것이다. 우리는 우리의 '몸의 상태'와 '긍정적 감정의 경험'을 그 목적을 달성하는 데 가장 효과적인 수단으로 사용할 것이다.

몸의 변화: 몸의 상태와 호흡을 의도적으로 변화시키기

우리가 허리와 가슴을 당당하게 펴고, 깊게 호흡하며 긍정적 표정을 짓고, 더욱 활력 있는 템포로 말하고, 움직이면 그 움직임들은 우리의 몸 안에서 화학작용을 만들어내며 즉각적으로 감정 상태를 변화시킨다. 이것이 앞서 '운동의 힘' 도입부에서 운동을 우리 상태의 변화의 '가장 단순하고, 즉각적인 첫 번째 방법'으로 소개한 이유이다. 우울할 때 사람이 고개를 푹 숙이게 되고, 어깨가 축 늘어지고, 움츠러들게 되듯이 우리가 의식적으로 적용시킨 자신감 있는 자세와 몸의 상태는 화학작용을 통해 우리에게 확신과 자신감을 불어넣어준다. 몸으로부터 마음에 접근하는 것, 마음으로부터 몸에 접근하는 것 그 양방향 모두가 커뮤니케이션의 시작점이 될 수 있는 것이다.

이렇게 의식적으로 신체로부터 우리의 상태를 바꾸고, 그 무드와 동작을 지속적으로 유지하면 그것은 우리의 상태를 즉각적으로 바꿔 놓는다. 우리는 긍정적 상태에 놓이게 되고, 우리가 마주한 문제들을 우리에게 도움이 되는 방식으로서 긍정적으로 인식할 수 있게 된다. 여기서 우리의 인식의 힘을 믿고, 더욱 그 긍정의 인식에 의식적으로 초점을 맞추면 맞출수록 우리의 긍정의 감정은 더욱 단단하게 자리를 잡고, 확장된다. 여기서 우리의 8가지 힘은 그 과정을 강력하게 도와준다. 이렇게 시작된 우리의 긍정의 감정 상태를 통해 7단

긍정의 스위치를 켜라

계 긍정 플로우가 연쇄적으로 따라오게 된다.

즉각적 반응 컨트롤: 몸의 변화

➡ 긍정의 스위치 켜기

➡ 7단계 긍정 플로우

1. 긍정의 스위치를 통한 인식의 전환

2. 편안하고, 자신감 있는 긍정적 감정 상태

3. 최고의 집중

4. 최고의 선택

5. 최고의 행동

6. 최고의 과정

7. 최고의 결과

긍정적 감정의 경험을 생생하게 느끼기

'무의식, 진짜 마음의 힘'에서 살펴봤던 것을 그대로 사용하면 된다. 여기서 우리는 미래에 원하는 '결과'뿐만 아니라 과거와 현재의 모든 긍정적 감정의 경험들을 직접적으로 사용할 수 있다. 우리는 스스로를 향한 내면의 질문을 통해 빠르게 우리의 집중을 전환시켜, 그 포착된 긍정의 감정에 집중한다. 과거의 경험 중 우리가 성취하고, 성공한 순간들이 언제였는지 질문하고 떠올려 그 긍정의 감정에 집중할 수도 있고, 현재 내가 가진 감사한 것은 무엇인지 질문하고, 떠올려 그 긍정의 감정에 집중할 수도 있다. 그리고 내가 원하는 미래의 '결과'를 이미 얻은 나의 그 감사의 감정과 기쁨의 상태를 '결과로부터 생각하는' 접근을 통해 생생하게 느낄 수도 있다. 어느 시점이든 상관없다. 당신에게 긍정의 감정을 주고, 당신이 가장 생생하게 볼 수 있고, 느낄 수 있는 것이라면 시점은 중요하지 않다. 그렇게 그 순간의 환희와 기쁨, 감사의 감정을 느끼며 그때의 상태로 자세하고, 호흡하면 우리는 즉각적으로 그 순간의 긍정의 감정, 리듬과 상태를 느끼게 된다. 그렇게 긍정의 상태에 놓이게 되므로 우리는 우리가 마주한 문제와 상황들을 우리에게 도움이 되는 긍정적 방향으로 인식하고 바라볼 수 있게 되고, 자연스럽게 7단계 긍정 플로우는 연쇄적으로 따라오게 된다.

긍정의 스위치를 켜라

즉각적 반응 컨트롤: 긍정적 감정의 경험을 느끼기

➡ 긍정의 스위치 켜기

➡ 7단계 긍정 플로우

1. 긍정의 스위치를 통한 인식의 전환

2. 편안하고, 자신감 있는 긍정적 감정 상태

3. 최고의 집중

4. 최고의 선택

5. 최고의 행동

6. 최고의 과정

7. 최고의 결과

<u>음악의 힘</u>

'무의식의 힘'에서 살펴봤던 대로 개개인마다 가장 쉽게 자극되는 감각 또는 감각의 조합들은 다르다. 나는 개인적으로 음악이 가장 빠르고 강력하게 나의 감정을 이끌어내는 매체 중 하나인데 좋은 음악 '나에게 긍정적 감정(자신감, 편안함)을 이끌어내는'을 접하게 되면 수시로 테마별 플레이리스트에 추가해두고, 유사시에 해당 음악이 필요한 상황이 되면 바로 이어폰을 귀에 꽂는다. 음악을 들으며 호흡을 조절하면 즉각적으로 나의 상태를 원하는 방향으로 바꾸는 데 강력한 도움이 된다. 이와 같이 당신의 긍정적 감정을 불러일으키는 데 도움이 되는 것이 있다면 무엇이든 스마트하게 사용하라.

어떤 하루:
당신의 선택

오늘은 당신에게 가장 중요한 날이다. 당신이 그토록 가길 원했던 회사의 최종 인터뷰가 있는 날이다. 당신은 최선을 다해 준비했고, 밤에 잠도 푹 자고 개운한 아침을 맞이했다. 당신의 컨디션은 최고다. 모든 것이 완벽하게 맞아떨어지는 것처럼 느껴지고, 오늘 이 하루가 바로 당신을 위해 준비된 날처럼 느껴진다. 모든 것이 아름답고, 찬란하다.

기분 좋은 긴장감을 갖고 택시를 타고 마지막 준비한 내용을 머리에서 시뮬레이션해보며, 얼굴의 근육을 풀고, 긍정적인 생각으로 자신감을 가득 채우며 마침내 인터뷰를 진행할 회사 앞에 도착한다.

내려서 입구를 향해 걸어간다. 이어폰을 끼고, 마음에 안정감을 주는 음악을 들으며 심호흡을 하니 기분이 좋아진다. 그런데 이때, 뒤에서 오토바이가 당신의 팔을 치고 지나간다. 당신은 심하게 앞으로 쓰러지며 당신의 핸드폰은 앞으로 멀리 날아가 떨어진다. 오토바이를 운전하던 사람도 중심을 잃고 쓰러진다. 잠시 정신이 없다. 당신은 보도 위를 걷고 있었고, 오토바이가 당신 뒤에서 당신을 들이받았다. 확인해보니 핸드폰 액정은 박살 나 있고, 당신의 손바닥에선 피가 철철 나고 있다. 넘어졌던 사람은 괜찮은 듯 일어난다. 아무리 봐도 당신은 잘못한 것이 없다. 당신은 어떤 감정을 느끼고, 어떻게 반응할까? 즉각적으로 당신 안에서 짜증의 감정이 확 올라오며 이런 생각들이 밀려 들어온다.

긍정의 스위치를 켜라

부정적 반응(A)

'하아…. 뭐지? 왜 이런 일이 하필 지금! 이건 불길한 징조야. 이건 분명히 무슨 안 좋은 의미가 있는 걸 거야. 인터뷰 망했다.'

'아, 진짜 재수 없게 저 사람은 나한테 왜 이런 짓을 한 거지?'

'하…. 확실히 따져서 저 사람이 망친 오늘 나의 하루를 사과하게 하고, 보상받아야지. 핸드폰은 어쩔 거야!'

부정적인 감정들이다. 그리고 그 감정에서 나온 행동들은 부정적이고, 비생산적인 결과를 만들 가능성이 크다. 그 사람과 따지고, 싸우고, 자책하며 결국 인터뷰까지 늦게 되는 결과와 같이 말이다.

"우리가 여기서 긍정의 스위치를 켠다면 이 상황은 어떻게 바뀔 수 있을까?"

긍정적 반응(B)

긍정에 집중

➡ 내가 가진 것에 감사

➡ 몸의 상태와 호흡을 의도적으로 변화시키기

'진짜, 다행이다. 일단 옷은 좀 털면 될 것 같고, 저 사람도 안 다친 것 같네. 휴…. 정말 감사합니다. 차분하게 호흡하자.'

'큰 사고 안 나서 정말 다행이다. 지금 따져봤자 저 사람도 정신없을 거고, 나쁜 감정만 올라올 거야. 그럴 시간 없다. 괜찮다고 하고, 빨리 들어가자.'

'핸드폰은 일단 저 사람 연락처 받고 인터뷰 끝나고 연락해서 정리하든가 해야겠다.'

➡ 인식의 전환

➡ 7단계 긍정 플로우

'큰일을 이루기 전에 하늘에서 마지막 테스트를 하시는구나. 이런 일에도 의연하게 반응할 수 있는 나라는 것을 보여달라고 하시는 건가 보다. 오케이, 호흡하고, 내가 준비되어 있다는 기 보여드리고, 큰마음으로 인터뷰에 임하자.'

(A) 부정적 반응의 결과

만약 당신이 (A)와 같이 그 상황을 부정적으로 인식하고, 따질 것 다 따지고, 자신의 화를 토해내고, 오토바이를 탔던 사람에게 그 사람의 잘못을 똑똑히 알려주었다면, 당신은 아마 인터뷰 시간에 문제없이 도착했다고 한들 인터뷰를 준비한 만큼 해내기 어려웠을 것이다. 부정적인 시각(인식)으로 상황을 받아들였고, 부정적인 감정 상태에 자신을 놓게 되었기 때문이다. 그렇게 인식의 길목에서 긍정의 스위치를 켜지 못하고, 부정적 감정이 자신을 지배하도록 두고, 오히려 그 감정에 부채질하게 되면서 당신은 강력한 7단계 긍정 플로우를 흐르게 하지 못했다. 오히려 부정적인 무드와 부정적 긴장의 상태로 인터뷰장에 들어가게 되었을 것이다.

(B) 긍정적 스위치를 켠 결과

하지만 만약 당신이 (B)와 같이 긍정에 집중함을 선택하고 긍정의 스위치를 켰다면 결과는 앞의 부정적 반응의 결과와는 많이 달라졌을 것이다.

여기서 중요한 것은 당신은 같은 사건에 대해 인식과 해석을 달리했을 뿐 발생한 사건 자체는 똑같다는 것이다. 당신은 부정적인 상황에서 감사를 통한 인식의 전환으로 문제의 상황을 긍정적인 상황으로 인식하게 되었고, 그것은 부정적 감정의 지배를 단숨에 차단해 버렸다. 더 나아가 인식의 전환을 통해 그 상황에 더 큰 긍정적 의미를 부여함으로써 당신 스스로에게 시련과 시험을 이겨내는 주인공 프레임을 씌우게 되었다. 당신은 그러한 감사의 시각, 인식의 전환, 호흡과 신체의 컨트롤을 통해 상황을 당신에게 도움이 되는 쪽으로 전환해냈고, 또 쓸데없는 시간을 낭비하지 않음으로 '그럼에도 불구하고' 긍정적이고, 편안한 마음으로 인터뷰장에 도착할 수 있었을 것이다. 그 긍정적인 감정 상태를 유지하며, 당신이 그동안 준비해 온 능력을 거침없이 발휘하여 원하던 결과에 대한 성공 가능성을 최대화시킬 수 있었을 것이다.

어느 쪽을 선택하겠는가? 모든 것은 당신의 선택에 달려 있다.

긍정의 스위치를 켜라

"인생은 B(Birth)와 D(Death) 사이의 C(Choice)다."

— 장 폴 사르트르

삶이란 선택의 연속이다. 우리가 긍정의 스위치를 통해 매 순간을 지속적으로 우리에게 도움이 되는 방향으로 선택해 나간다면 우리는 그 긍정의 상태에서 최대 능력을 발휘하고 우리가 원하는 결과에 대한 가능성을 계속해서 최대로 높여 나가게 될 것이다. 그것이 지금, 우리가 긍정의 스위치를 켜는 이유다.

그리고 앞서 함께 봐왔듯 긍정의 스위치를 켜면 7단계 긍정 플로우는 자동적으로 따라오게 되어 있다. 그 7단계 긍정 플로우를 통해 우리는 최고의 선택과 행동으로 우리가 원하는 결과의 성공 가능성을 지속적으로 높여 나갈 수 있게 된다.

결과를 넘어서

우리가 변화하는 삶 속에서 마주하는 모든 상황들을 이렇게 지속적으로 긍정의 선택으로 채워나갈 수 있다면, 그래서 우리가 지속적으로 긍정의 '상태'에 머무르게 된다면 어떻게 될까? 나는 감히 그것이 결국 행복이 아닐까라는 생각을 한다.

사람미다 인생의 가치는 다르다. 하지만 계속해서 내가

긍정의 스위치를 켜라

무엇을 왜 원하는가에 대한 질문을 하고 또 하며 파고 들어가다 보면 결국 이런 생각을 하게 된다.

"인생에서 우리가 하는 모든 것들은 결국 우리 스스로가 더 기분 좋고 싶기 때문에 하는 것이 아닌가?"

당신이 다른 사람을 도와주는 이유도 그 사람이 좋아하는 것을 보고 당신의 기분이 좋아지기 때문이고, 당신이 돈을 많이 벌어서 가족을 좀 더 좋은 집에 살게 해주고 싶은 이유도, 행복해하는 가족을 보며 당신의 기분이 좋아지기 때문이 아닐까?

우리가 긍정의 스위치를 켜게 되는 순간 우리의 매 순간, 결과를 위해 희생하는 시간이라고 생각되던 그 모든 순간과 과정들은 긍정의 살아 있는 '지금 이 순간'들로 바뀌게 된다. 나는 이것이 우리의 매 순간을 행복에 다가가게 해주는 것이라고 생각한다. 우리는 '지금 이 순간', 우리의 선택을 통해 이전과 같은 것, 같은 상황에서 긍정을 보게 되고, 감사와 긍정의 감정을 느끼게 된다. 그리고 그 긍정의 힘은 또한 우리의 최대 능력을 끌어내고, 그러므로 우리에게 원하는 결과까지 가져다준다. 정말 기가 막힌 선순환이 아닌가?

많은 사람들이 '성공하면 행복해질 수 있어'라고 생각하지만 사실 행복이란 마음의 상태와 태도에 대한 습관이다. 그리고 행복은 우리에게 엄청난 힘을 가져다준다. 결국, 성공해서 행복해지는 것이 아니라, 행복할 줄 알기 때문에, 행복하기 때문에 성공하는 것이다. 행복할 때, 그 긍정의 상태에 있을 때, 우리는 우리의 최대 능력과 가능성을 발휘할 수 있기 때문이다.

우리가 어디에도 의존하지 않고, 지금 이 순간 우리 스스로 그것을 선택할 수 있다는 것이 얼마나 기쁜 일인가.

모든 개개인이 추구하는 가치는 다 다르다. 그리고 그것들은 공짜로 주어지지 않는다. 값을 지불하라(Pay the price). 우리의 가치를 찾기 위해 우리는 노력해야 한다. '무의식, 진짜 마음의 힘'을 통해 진짜 자신과 커뮤니케이션 해야 하고, '독서의 힘'을 통해 많은 다양한 관점, 경험, 지식을 이해하고, 배워야 하며, '지속의 힘'을 통해 또 끈기 있게 경험하고, 도전하고, 성장하며 목표한 바를 내 것으로 만들어야 한다. 결국, 가

긍정의 스위치를 켜라

치의 다양성과 다름에 관계 없이 우리 모두가 긍정의 스위치를 켜 긍정의 상태에서 우리 각자가 찾은 혹은 찾을 스스로의 최대 가치를 위해 우리의 모든 에너지를 우리에게 도움이 되는 방향으로 사용한다면, 그것이 곧 우리가 원하는 삶을 사는 것이 아닐까? 그리고 결국 그것이 진정한 자유가 아닐까. 그러므로 비교할 것이 없는 것이다. 다만, 긍정을 통해 그 마음의 자유를 통해 모든 것을 나에게 도움이 되는 방향으로 바라보고, 사용하여 어제의 나보다 더 성장하는 오늘의 나로서 존재할 뿐이다.

당신은, 당신의 인생이라는 영화의 감독이자 주인공이다. 우리가 지금까지 함께 살펴본 내용을 통해 당신은 인식의 전환, 상상력, 음악, 환경, 무드, 당신의 모든 것을 이용하여 당신의 인생을 당신이 꿈꾸는 최고의 명작으로 만들 수도 있고, 당신 스스로조차도 관심을 갖지 않는 그저 그런 망작으로 만들 수도 있다. 무엇을 선택하겠는가?

난, 지금 또 내 안의 긍정의 스위치를 켜고, 매 순간 내가 주인인 삶, 나의 꿈을 추구하는 삶, 그런 거침없고, 자유로운 살아 꿈틀거리는 삶을 살 것이다. 매 순간을 그렇게 배움과 성장, 감동의 순간들로 나의 시간을 가득 채울 것이다. 그렇게 진화하고, 변화할 것이다. 당신은 어떤 삶을 원하는가? 당신이 원하는 것은 무엇인가? 그 선택의 자유가 바로 지금, 여기, 당신 자신에게 있다.

"A quitter never wins and a winner never quits"
포기하는 자는 절대 승리하지 못하고,
승리하는 자는 절대 포기하지 않는다.

— 빈스 롬바디

1 결국 우리가 원하는 결과를 위한 가능성을 최대로 끌어올리기 위해 우리는 긍정적 감정, 긍정의 상태에 있어야 한다.

2 모든 것에 정해진 절대적 의미는 없다. 모든 것은 우리 스스로가 그것을 어떻게 인식하느냐에 따라 그 의미가 결정된다.

3 우리는 원하는 결과를 얻기 위해, 긍정의 힘을 사용한다. 인식의 전환을 통해 모든 것을 우리에게 도움이 되는 방식으로 인식한다.

4 우리의 긍정적 인식을 위해 아래의 두 가지를 사용하여 우리의 즉각적 반응을 컨트롤 한다.
- 몸의 변화: 몸의 상태와 호흡을 의도적으로 변화시키기
- 긍정적 감정의 경험을 생생하게 느끼기

5 긍정적 인식을 통해 긍정의 스위치를 켠다 ➔ 7단계 긍정 플로우가 따라온다. ➔ 우리가 원하는 결과의 가능성을 최대로 끌어올리게 된다. ➔ 우리가 원하는 결과를 얻게 된다.

6 지속적 반복을 통해 긍정의 스위치를 켜는 것이 마음의 습관이 되면 우리가 마주하는 모든 순간들을 긍정으로 가득 채울 수 있다. 우리의 모든 선택의 자유가 바로 지금, 여기, 우리 자신에게 있다.

이제 막 1차 생존의 과정을 지나왔다고 생각한다. 그리고 지금, 난 조금 더 주체적으로 나의 인생을 바라볼 수 있게 되었다. 물론 그것은 나의 이전의 상황에서도 마음먹기에 따라 충분히 가능한 것이었을 수 있지만 나는 그러지 못했다. 이 사회에, 이 세상에 발 붙이고 서 있지 못하고 있다는 느낌을 받으며, 남들에게 뒤처지고 있다는 느낌을 받았고, 항상 불안과 두려움이라는 감정을 느꼈었다. 그래서 좋아하는 것을 두고, 해야만 하는 것이라고 생각되는 것을 선택했고, 그것을 통해 그 두려움과 불안을 해결하였다. 그리고 그러한 생존을 위한 고군분투의 과정 속에서 내 안의 긍정의 스위치를 켤 수 있었다. 그 큰 변화 속에서 체감하는 바가 워낙 컸기에 나의 온몸을 통해 습득한 방법들을 이렇게 정리할 수 있었던 것 같다. 그때의 나에게 있던 단 하나의 문제를 해결한 지금, 나는 무엇을 느끼고 있는가? 정말 단순화해보면 이 두 가지가 남는 것 같다.

새옹지마, 결핍은 선물이라는 것.
끝없는 지속적 성장, 그 과정에 답이 있다는 것.

앞서도 얘기했던 것처럼 우리가 바라보고 마주하는 이 삶에서 절대적으로 정해진 것은 없다. 모든 것은 결국 우리가 어떻게 인식하느냐에서 의미를 갖게 된다. 1m가 넘는 물고기는 10cm의 붕어와 비교하면 큰 물고기이지만 거대한 고래와 비교하면 한낱 작은 물고기일 뿐이다. 대상으로서 그 물고기 하나만 놓고 봤을 때, 그 자체에 크고 작음이라는 것은 정해져 있지 않다는 것이다. 결국 어떤 비교 대상을 우리의 인식의 태도를 가지고 두고 봤을 때 모든 것들은 우리가 그것을 어떻게 인식하느냐에 따라 의미를 갖게 된다.

다시 한번 말하지만 이것은 삶의 모든 것을 다 좋은 것으로 보고 '순응하며' 이래도 흥 저래도 흥 하면서 살자는 얘기가 아니다. 우리의 인식을 우리의 행복과 삶의 목적을 도와주는 것으로서 주체적으로 사용하자는 것이다. 긍정의 스위치를 켬으로써 지금 우리가 가진 모든 결핍과 힘든 상황들은 모두 우리의 성장과 성공의 이유가 될 수 있다. 그 열쇠는 바로 우리 자신에게 있다.

그렇다면 바로 다음 질문이 떠오르게 된다. 우리가 원하는 것은 무엇인가? 우리는 무엇을 향해 가는가? 정말 큰 의미에서 일반화, 단순화해보면 '지속적 성장, 하나의 결과가 아닌 그 과정 자체에 답이 있다'고 생각한다. 인간은 그게 무엇이든 모든 시점에서 원하는 무언가, 성취해내고 싶은 무언가를 갖게 되는 것 같다. 그게 경제적 자유든, 사랑이든, 명예든, 마음의 평화든, 무엇이든. 그리고 그것을 얻기 위해 모두가 각자의 방법으로 각자의 노력을 통해 도전하고, 시도한다.

누군가는 성취하고, 누군가는 실패한다. 누군가는 시도조차 하지 않고, 그저 불만으로 세상을 바라보며 살아간다. 이 중, 성취하는 쪽이 한 단계 나아지고 성장하므로 우리가 추구해야 할 답인 것처럼 보이기도 하지만 성취 그 자체는 답으로서 충분하지 않다고 생각한다. 자신이 원하는 것을 위해 부단

히 노력하다가 그것을 얻은 뒤에 찾아오는 공허함, 혹은 시간
이 지나며 사라지는 그 성취 뒤의 감정을 당신은 경험해 보았
을 것이다. 그리고 성취의 그 순간은 그리 길지 않다. 과정의
시간에 비해 너무나도 짧은 그 순간만을 삶의 목적으로 삼기
에는 과정으로 채워진 우리의 대부분의 시간이 너무 아깝다.
성취를 통해 오는 외부의 반응(주변 사람들의 인정과 같은) 또한
사라지지 않는 진정한 충족감을 주지는 않는다. 마찬가지로
그것 또한 곧 사라질 뿐이다.

우리는 항상 지금 이 순간을 산다. 지금 이 순간, 자신의
목적, 성장, 목표를 위해 부단히 노력하는 그 과정 자체에 답
이 있다고 생각한다. 1이라는 시간을 위해 9라는 과정의 시간
을 희생하는, 오직 결과에만 초점을 맞춘 삶이 아닌 끝없는,
지속적 성장이라는 관점에서 멈추지 않는 삶, 그렇게 매 순간
순간, 지금 이 순간 그 자체를 목적으로서 생생하게 살아야
한다고 생각한다. 지금의 목표 또한 결국 그것의 다음 목표와
성장을 위한 하나의 과정이라는 좀 더 긴 호흡의 관점으로 우
리의 삶을 좀 더 크게 바라볼 때, 비로소 더 자유로운 삶을 살
게 된다고 생각한다. 이것은 또한 하나의 성취 뒤에 우리로

하여금 길을 잃지 않도록 우리를 도와주며 그로 인해 우리에게 끝없는, 지속적인 에너지와 동력을 선물한다.

한 단계 한 단계 성장하며 스스로 세운 목표를 달성해 나가며 얻는 기쁨은 기쁨으로서 충분히 즐기며 그 각각의 시점의 나 자신을 충분히 격려해 줄 것이지만, 매번의 그 목표 지점에 다다른 뒤에도 길을 잃지 않을 수 있는 나의 삶 자체의 더 큰 목적은 무엇인지 생각해보게 되었다. 그리고 그것이 나에겐 '지속적 성장과 그것을 통해 이 세상에 내가 더할 수 있는 최고의 가치를 더하는 것'이라는 지금의 결론을 얻게 되었다.

연기가 아닌 개발을 하며 지금은 그 가치를 채워 나가고 있다. 성향에 좀 더 맞는 것, 나 자신에게 천성적으로 좀 더 자연스러운 것이 있을 수 있겠고, 자연적으로 더 좋아하는 일이 있을 수 있겠지만 마주했던 현실의 상황을 해결하는 그 과정 속에서 지금의 일을 선택하게 되었다. 그리고 노력하고, 진심으로 하다 보니 '무엇을 하는가?'를 넘어서 '왜 하는가?'에 대한 질문을 마주하게 되었고, 그 질문에 대한 답을 찾아가는 과정 속에서 현재의 내가 추구하는 가치를 이해하고, 정리할

긍정의 스위치를 켜라

수 있었다. 그리고 나의 행복을 위해 나의 그러한 가치를 충족시키는 과정 속에서 개발에 대한, 일에 대한 나의 정의 또한 달라지게 되었다. 개발이라는 일 또한 내가 어떻게 인식하느냐로 완전히 다른 것으로 바라보게 된 것이다. 지금 나는 하나의 산업을 선도하는, 우리의 삶의 방식을 바꿀 혁신적 기업에서 엄청난 동료들과 함께 일하고 있다. 어찌 보면 이 세상에 가치를 더하기에 더할 나위 없는 최고의 장소에 있는 것이라고 생각한다. 그리고 그 안에서 난 또 많은 것들을 배우며 확장하고, 성장하고 있다. 나의 가치에 완벽히 부합하는 장소에 있는 것이다. 그렇게 난 나의 자아를 실현하며 즐겁게 일하고 있다. 긍정의 스위치를 켜고, 이 삶을 바라보려고 부단히 노력해서 그렇게 바라보게 된 것인지, 그렇게 부단히 노력하는 와중에 정말 말도 안 되게 운이 좋게 실제 이런 좋은 기회들을 만나게 된 것인지 뭐가 맞는 것인지 그건 알 수 없다. 하지만 그것은 중요한 게 아니라고 생각한다. '내가 지금의 나의 삶, 나의 일을 어떻게 바라보고 있는가?', '지금 나는 나의 하루하루, 매 순간순간을 통해 나의 가치를 충족시키며 행복한 삶의 방향으로 나아가고 있는가?' 이 질문들과 그에 대한 나 자신의 답이 중요하다고 생각한다. 그리고 그에 대한 나의 대답은 '그렇다'이다.

정규 교육도 받지 않았고, 학창 시절 공부도 제대로 한번 해
본 적이 없던 내가
서른두 살의 나이에 완전히 다른 길을 가던 비전공자에서
개발자가 되려고 했던 것처럼

서른두 살까지 영어 한 마디 제대로 하지 못했던 내가
실리콘밸리에서 영어로 자유롭게 일하겠다는 목표를 세웠
던 것처럼

당신 또한 지금, 조금은 많이 무모해 보이는 듯한 무언
가에 도전해 볼까 고민하고 있다면 이 말을 꼭 해주고 싶다.

내가 했듯이, 당신도 할 수 있다.

지금까지 우리가 함께 살펴봐 왔던 8가지 힘을 지속적
으로 길러나가고, 마주하는 모든 순간 긍정의 스위치를 켜고,
할 수 있다고 믿고, 해야 할 일을 하고, 행동하면 분명히 할 수

긍정의 스위치를 켜라

있다. 지금 당신이 아는 길이 전부가 아니라는 것, 모든 것이 가능하다는 것. 그것을 기억하고, 마음을 열고, 용기 있게 지금을 마주하고, 지금을 생생하게 살자. 그렇게 산다면 우리는 우리가 마주한 문제들을 해결해나갈 것이고, 몇 년 전의 내가 지금의 나와 같은 사람이었다는 게 믿기지 않을 만큼 성장해 있을 것이며, 경제적 자유, 선택의 자유, 당신이 원하는 그 무언가를 반드시 쟁취할 수 있을 것이다. 긍정을 통한 마음의 자유를 통해 우리는 진정 주체적이고, 자유로운 삶을 살 수 있을 것이다.

고명우

긍정의 스위치를 켜라

1판 1쇄 인쇄 2024년 2월 13일
1판 1쇄 발행 2024년 2월 26일

지은이 고명우

발행인 양원석 편집장 정효진
디자인 김유진, 김미선 영업마케팅 양정길, 윤송, 김지현, 정다은, 박윤하

펴낸 곳 ㈜알에이치코리아
주소 서울시 금천구 가산디지털2로 53, 20층(가산동, 한라시그마밸리)
편집문의 02-6443-8847 도서문의 02-6443-8800
홈페이지 http://rhk.co.kr
등록 2004년 1월 15일 제2-3726호

ISBN 978-89-255-7534-6 (03190)